家庭科教育
を学ぶ人のために

堀内かおる［著］

世界思想社

プロローグ──「なぜ家庭科を学ぶの？」という問いに向けて

　「家庭科の教育っていうのは，実際上，必要なときとずれるんですね。それが決定的に大きいですね。その場にならないと世の中って，考えないし，わからないことが多いですね，その場にならないと。いくらいろいろ，ああだこうだ言ってもね。だから，なかなか身につくのが難しい。いざそういうところに立たされて，あのときああだったのかっていうのがはっきりわかるっていう，そう［いう教科だと］思いますがね」──これは，家庭科を教えていた当時40代の男性教師の言葉である。「必要なとき」すなわち，家庭科で取り上げる家庭生活のマネージメントや生活技術に関わる内容が切実感を持って求められるようになるのは，親元を離れて独立した生活を営むようになったときだということが示唆されている。
　実際に，学習した「知識やスキル」がすぐに生活の中で役立つかどうか，という意味からすれば，そのとおりかもしれない。小学校第5学年から高等学校まで必修で家庭科を学んでいる子どもたちは，大部分において親や身近な大人たちの世話を受けながら暮らしている。生活上の必要に駆られて授業で学習したことに取り組むという経験自体は希薄だと言わざるを得ない。
　しかし，そもそも家庭科を学習する意味が「すぐに役立つ生活の知恵を授ける」ことではないと考えるならば，上記の男性教師の言葉に対する，別の考え方もあるのではなかろうか。「実際上の必要なときと外れ，今すぐに必要だという切迫感はないかもしれないけ

れど,「今のうちに知っておくべきこと・体験しておくべきこと・考えておくべきこと」がある」から,学校教育に家庭科が存在しているのだと,考えることも可能だろう。生活上の必要性があって学ばなければならないときがきたら,必要だと思う人が独自に学べばよいことも多いだろう。しかしそうではなくて,「将来の必要性を問わず,これから大人になっていく子どもたちに対し,子ども時代のうちに,等しく伝えておくべき家庭生活の見方・考え方・スキルがある」と捉えるならば,家庭科教育の意義も異なって見えてくる。では,〈いま・ここ〉で子どもたちに提起すべき家庭科の学習内容とはどのようなものであり,その学習は一体,どういった意味を持っているのだろうか。以下,本書の構成に沿って説明していこう。

　第1章では,本書のイントロダクションとして,家庭科に対するイメージや子どもたちの意識を紹介しつつ,家庭科を「再発見」するために,本書全体を貫くスタンス——「家庭科のまなびほぐし」を提起する。

　第2章では,家庭科教育の歴史をたどり,設立当初から変遷を重ねてきたこの教科の理念について確認する。

　第3章では,〈生活について学校で学ぶ〉という意味について,家庭科と生活科,総合的な学習との差異にもふれながら検討する。

　第4章から第7章では,家族や家庭生活,食生活や衣生活に関する実践・体験,消費生活,男女共同参画と育児といった家庭科に含まれる学習内容に関して,授業で取り上げる目的と家庭科の授業実践が切り拓く可能性について具体的な例をあげて紹介する。

　第8章から第11章では,家庭科の授業を実践するための教育学的な知識と指導方法を取り上げている。第8章では学習指導要領を読み解くとともに,教科書をはじめとする教材について論じ,第9章では授業づくりの実際に関して,教師の思いや願いを紹介しながら述べ,第10章では授業を実践する意味を確認し,大学生が模擬

授業を実施する際の留意点について指摘する。第11章では，家庭科における評価活動について，教育評価に対する考え方とともに，家庭科独自の視点について述べる。

　第12章では，家庭科教師に焦点をあて，家庭科教師としての資質・能力を吟味する。

　第13章では，本書全体のまとめとして，こんにちの若者の家庭生活に関する意識と実態から浮かび上がる課題をあげながら，今後の家庭科教育の方向性について提起し，本書の結びとする。

　以上のように，本書で取り上げている内容は，家庭科教育の背景と現状，そして児童・生徒と教師という授業の主役たちに焦点をあてたものとなっている。本書は，大学における教員免許取得のための必修科目である「家庭科教育法」のテキストを想定して著されたため，主な読者は教員免許取得を目指して教職課程で学んでいる大学生である。しかし，大学生のみならず，教育に関心のある読者にとっては，「家庭科」という学校教育の中ではあまり目立たない，ともすると何か軽く見られがちな教科を「再発見」するための手がかりとなろう。

　「生きる力」の必要性が言われるようになって久しいこんにち，生活を見つめ直す学習の重要性を認める多くの人に，本書を手に取ってもらいたい。読者にとって本書が自分自身の生活を見直す端緒になることを願いながら，筆者のレンズに映った家庭科教育の姿を明らかにしていきたい。

目　　次

プロローグ——「なぜ家庭科を学ぶの？」という問いに向けて　　1

第1章　家庭科再発見——家庭科に関する5つの問いによせて　9
　1　家庭科イメージはどこから来るのか　9
　2　家庭科授業との出会いが伝えていること　11
　3　子どもたちが好きな教科・嫌いな教科　12
　4　家庭科において「不易なるもの」と「変化するもの」　14
　5　家庭科のアンラーン（まなびほぐし）のために　15

第2章　家庭科の過去・現在
　　　　　　——歴史を振り返り〈いま〉を確認する　18
　1　民主的家庭建設と家庭科　18
　2　職業教育としての家庭科　24
　3　「女子向き」にシフトした家庭科教育　26
　4　男女平等を目指す世界的な動きと家庭科　30
　5　男女が共に学ぶ家庭科の実現　31
　6　「家庭科新時代」の先へ　32

第3章　家庭科教育の意義
　　　　　　——〈生活について学校で学ぶ〉ということ　36
　1　「役に立つ」とはどういうことか　36
　2　実学としての家庭科像　37

3　高校生の捉える家庭科を学習する目標　*38*
　　4　家庭科における教育的価値　*39*
　　5　生活科と家庭科　*41*
　　6　「総合的な学習」と家庭科　*44*

第4章　家族・家庭への気づきを促す学習
　　　　——〈あたりまえ〉を問い直す　*48*
　　1　ファミリィ・アイデンティティ　*48*
　　2　何のための「家族」学習なのか　*51*
　　3　「多様な家族」の描かれ方——教材開発のために　*54*
　　4　子どもにとっての「現在の家族」と「未来の家族」　*63*

第5章　〈価値ある体験〉をとおして学ぶ食生活・衣生活
　　　　——何のための実践・体験か　*66*
　　1　「調理実習」という体験　*67*
　　2　これからの食生活と家庭科教育の課題　*73*
　　3　「針と糸を使うものづくり」の体験　*75*
　　4　実践的・体験的活動の意義と〈価値ある体験〉　*79*

第6章　グローバル化する消費生活の問い直し
　　　　——ジーンズから世界が見える　*81*
　　1　グローバリゼーションと私たちの生活　*81*
　　2　ジーンズの歴史——教材開発の視点から　*82*
　　3　「安価なジーンズ」の背景　*86*
　　4　授業の実際——中学・高校における「ジーンズから世界が見える」
　　　　の実践から　*87*
　　5　授業の観点としてのフェアトレード　*93*

第7章　男女共同参画時代の家庭生活
　　　　——イクメンとワーク・ライフ・バランスの実現へ　*96*

1. データから見る男性の育児・家事参加の現状　*96*
2. ある男性教師の育児休業取得体験　*100*
3. 男女共同参画基本計画と家庭科　*107*
4. 幼児とふれあう学び——幼児と保護者を学校に招待しよう　*109*

第8章　家庭科の学習指導要領と指導計画
　　　　——家庭科の枠組を知る　*113*

1. 学習指導要領を読み解く　*113*
2. 「教材」としての教科書とカリキュラム　*122*
3. 家庭科の指導計画　*127*

第9章　授業の構想
　　　　——授業から何を見取るのか　*131*

1. 教師の思い・願いと授業の構想　*131*
2. 本題材で発揮し育まれる力とは　*134*
3. スタートは基礎・基本の定着　*135*
4. 授業を観る視点　*136*
5. 授業をシステムとして捉え直す　*139*
6. 授業を観るための方法　*145*

第10章　授業の実践——模擬授業から学ぶ　*147*

1. 実践的指導力と模擬授業　*147*
2. 学習指導案の立案　*151*
3. 模擬授業を取り入れた大学における授業　*154*
4. 省察を明日の実践の糧として　*157*

目 次

第11章　家庭科の評価——授業の改善に向けて　*160*
　1　何のために何を評価するのか　*160*
　2　どのようにして評価するのか　*164*
　3　言語活動の評価　*168*
　4　評価を授業改善につなげるために　*169*

第12章　家庭科教師という存在
　　　　——求められる資質と指導力とは　*172*
　1　家庭科教師とはどのような人々か　*173*
　2　「男性家庭科教師」という存在　*175*
　3　家庭科教師を目指す男子学生たちの家庭科観　*178*
　4　家庭科教師としての力量とは　*179*

第13章　家庭科教育の未来
　　　　——これからの暮らしを展望する　*186*
　1　性別役割分業をめぐる意識の変化　*186*
　2　顕在化した貧困問題と社会への不安　*191*
　3　〈地域へのまなざし〉から見る新たな家庭科教育の課題　*192*

エピローグ　*197*

イラスト：ロケット探偵団 吉井久実

 第1章 家庭科再発見
　　　——家庭科に関する5つの問いによせて

　本章では，いくつかの例を示しながら，本書全体を通して読者に考えてほしい問い，すなわち「家庭科再発見」のために，自ら問い直してほしい観点を提起しておきたい。

1　家庭科イメージはどこから来るのか

　「「家庭科」とはどのような教科だと思いますか」という問いかけに対し，読者は何と答えるだろうか。「調理実習」「裁縫」「エプロン」「年配の女性教師」というような言葉を思い浮かべた人はどれくらいいるだろうか。図1−1は，ある中学校第1学年の男子生徒が「家庭科」という言葉から連想したイメージマップである。小学校第5・6学年の2年間にひととおりの家庭科の内容を学んできたはずであるが，彼の頭にあるのは，「調理」「裁縫」「洗濯」から派生する印象のみのようである。

　こんにち，男女児童・生徒すべてが必修で，小学校から高等学校まで家庭科を学ぶようになっている。家庭科という教科は，ほかの

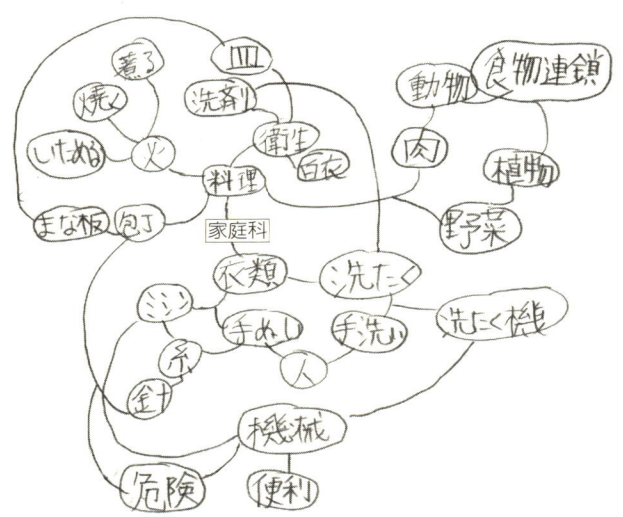

図1-1　家庭科という言葉から広がるイメージ（男子中学生）

教科と同様に，学校教育法施行規則によって規定され，学校カリキュラムの中に位置づけられている。しかしそれでもなお，家庭科のイメージは前述のような家事役割を反映している。また，家庭科の担当教師は女性に偏り，女性的イメージが払拭されていない。

　小学校教師を対象として，家庭科の教師を何かに例えてもらうと，「お母さん」という答えが過半数を占めたという調査結果（堀内2001）もある。そう答えた理由は二つに大別され，「学校で，家でお母さんが行っている家事の内容を教えるから」というものと，「温かく家庭的なイメージがあるから」というものであった。

　学校文化における「教科のパースペクティブ」について論じている田中（1996）は，学校組織において教師の人数や授業時間数等に現れる「教科の成層構造」があることを指摘した。家庭科イメージはまさに，こうした教科の成層構造を背景として，つくられている。

そればかりではなく，個々の学習者にとっても，自分自身がこれまでに学んできた家庭科がどのような内容であり，どのような教師から学んだのかによって，家庭科イメージも変化する。

家庭科に限らないことであるが，その教科を教えているのが「どのような教師なのか」という問いは，教科そのものの捉え方にも強固につながる問題を提起している。出会った教師がどのような人であり，どのような家庭科観を持ち，どのような授業を行っていたのか。その一つひとつが，児童・生徒にとっての家庭科との出会い方を規定するだろう。さて，ここで一つの問いを発したい。あなたが出会った家庭科の教師は，どのような授業をしていただろうか。

2　家庭科授業との出会いが伝えていること

旧学習指導要領の対応期間であった1998年から2007年までの10年間にわたって，家庭科教育の専門雑誌である『月刊家庭科研究』に掲載された高等学校における授業実践を分析した先行研究（土屋・堀内　2012）によれば，調理実習や作品製作のほかには，プリントやワークシートを使用した一斉授業が多く，話し合いやワークショップ形式を導入した授業は多くはなかった。また生徒のあいだからは，実習で何かをつくったことは覚えていても，それ以外に何を学んだのか，印象に残っていないという声も聞こえてくる。

その一方で，印象深い家庭科の授業は，後に振り返ってみたときに，学習者にとって思考の転機となる気づきを与えることもある。例えば，西岡正江（2006）は，横浜国立大学教育人間科学部附属横浜中学校の家庭科教師として勤務する中で，シンガー・ソングライターのこんのひとみ氏の楽曲を教材として生徒たちに聴かせ，人生の意味や家族について考える授業を行ってきた。かつて西岡の授業を受けていた生徒が大学に進学し，筆者の授業を受講していたこと

があった。その学生は、西岡の授業を振り返り、次のようにレポートに記している。

> 歌とは不思議である。普通に言葉で言われても私の心は覆されなかったであろう。歌は普通の言葉より深くまで入り込んでくる分、生徒の視野を広げる題材として非常に適している。「家族」の学習では、自分の家族と向き合うと同時に、様々な家族形態や家族事情があるのを知ることも重要だ。生徒たちの常識を覆す必要にも迫られる。歌は生徒たちの視点をときには180度回転させる。導入や発展の題材として、こんのさんの歌は大きな役割を果たしていると言えよう。

西岡の実践が当時の生徒にとって、既存の価値観を問い直し、視野を広げる契機となったことがうかがえる。家庭科という教科は本来、「生きることの意味」を生徒たちに投げかける可能性を持っているのではないだろうか。それではここで、二つ目の問いを投げかけておこう。

「生きることの意味」にもつながるような、記憶に残る深い学習が行われるためには、教師はどのようなことを考えて授業をつくっていったらよいのだろうか。

3 子どもたちが好きな教科・嫌いな教科

文部科学省の委嘱によりベネッセ教育研究開発センターが実施した調査（2005）によると、教科等の好き嫌いに関して、図1-2に示すような結果が得られている。家庭科（技術・家庭科）を「とても好き」または「まあ好き」と回答した児童・生徒の割合は、小学校第5学年の児童が最も高率で69.4％を占める。この値は、体育、図画工作に次いで高い割合であり、小学生の子どもたちにとって、こうした実技を伴う教科が好まれていることがわかる。

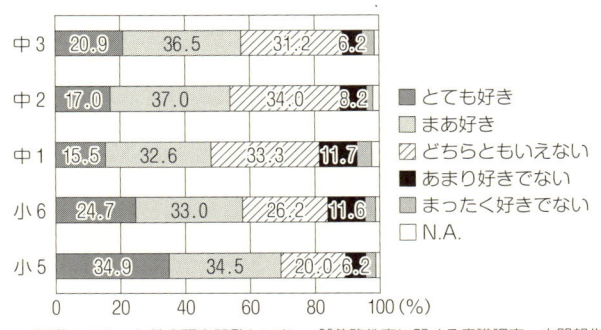

図1-2 家庭科（技術・家庭科）がどのくらい好きか

　家庭科に対する好感度は中学校に入学すると低くなり，中学校第1学年の段階で「とても好き」または「まあ好き」と回答した割合は48.1%と最も低くなるものの，学年が高くなるにつれてその割合は上昇し，中学校第3学年のときには57.4%の生徒が「とても好き」または「まあ好き」と回答している。この値は，保健体育に次ぐ高率である。

　なぜこのような傾向が見られたのか，その理由までは調査では明らかにされていない。小学校第5学年のときには新しく始まった家庭科に対する興味・関心が高まり，新鮮な気持ちで受け止められていたと推察できる。しかし，中学校第3学年で技術・家庭科にかける授業時数は年間わずか35時間にすぎず，その時間をさらに技術分野と家庭分野で二等分して授業が行われている。家庭分野については，2週間に1回，1時間行われるならばまだよい方で，学校行事等でさらに少ない授業しか行えないというケースは珍しくない。それでも生徒たちが「好き」と答えているのには，それなりの理由があるのではないだろうか。生徒にとっての家庭科（技術・家庭科）の魅力とは，どのようなものなのだろうか。

本章のはじめに述べたように，子どもたちにとって家庭科は，生活の技能・技術の習得という印象が強い。小学校第5学年のときには，新しいスキルを身につけ，できなかったことができるようになる喜びが，「家庭科が好き」という思いを支えているのだろう。しかしそれだけでは，家庭科に魅力を感じ続けることはできなくなるのではないか。学習内容の目新しさは，次第になくなっていく。スキルを身につけたうえで，さらに向上しようとする意欲を持続するためには，何かほかの動機が必要である。

　家庭科は単に，ものづくりを行うことそれ自体を目的としているわけではない。では何のための学習なのか。ここで，第3および第4の問いが生まれる。家庭科はものづくりをとおして，何を学ぶ教科なのだろうか。またものづくり以外に，家庭科の学習では，どのようなことが行われているのだろうか。

4　家庭科において「不易なるもの」と「変化するもの」

　「教科」とは，その時代において価値づけられ，次世代へと伝えるべく系統化された知識や文化の総体である。教科教育学とは，こうした教育的価値をいかにして次世代に伝えていくか，その方法や内容を具体的実践に即して追究する研究分野である。教科内容には，時代を経ても変わらず取り上げられてきたものがある一方で，取捨選択され新しく取り入れられたり，削除されたりしたものもある。

　家庭科において「不易なるもの」には，生活を営むうえで欠かさず身につけておきたい知識や技能，文化に関わる内容が相当すると考えられる。

　しかし生活それ自体のあり方は，社会の変化・家族形態や生活意識の変化に伴って，推移している。したがって，生活の中で変容していることは何かを捉え直し，なぜ変容しているのかを問い，そこ

から学ぶべきことを抽出し，家庭科の授業を構想する必要がある。家庭科の目的は，「あるべき理想の生活」を伝えることではない。むしろ，子どもたち自身が，なぜそのような生活が理想的だと考えられるのかを問い，それに対する自分なりの答えを見つけ出せるような教科であるべきだろう。

つまり家庭科とは，生活に対する価値観を形成するためのフィルターとなる教科である。あなたはどのようなことを大切にして，日々の生活を営んでいるのだろうか。将来，どのような家庭をつくり，あるいは一人で，どんな人やモノに囲まれて，どのような生き方をしたいと思っているのだろうか。そこで，次の第5の問いについて考えてみてほしい。家庭ではなく学校教育の中で，家庭科の学習をとおして，何を学んでおく必要があるのだろうか。

5 家庭科のアンラーン(まなびほぐし)のために

さて，以上の節では，本書をとおして読者に考えてほしい問いを提起した。それは，次の5つである。

① あなたが出会った家庭科の教師は，どのような授業をしていただろうか。
② 子どもたちの記憶に残る深い学習が行われるためには，教師はどのようなことを考えて授業をつくっていったらよいのだろうか。
③ 家庭科はものづくりをとおして，何を学ぶ教科なのだろうか。
④ ものづくり以外に，家庭科の学習では，どのようなことが行われているのだろうか。
⑤ 家庭ではなく学校教育の中で，家庭科の学習をとおして，何を学んでおく必要があるのだろうか。

①から⑤の問いは，家庭科という教科の教育について考えるうえで，不可欠の問いである。教師として，家庭科という教科とどのように向き合っていったらよいのか。また，教師の意図した授業は，どのような形で子どもたちに受け止められるのか。授業は教師から子どもたちへの一方通行の営みではなく，相互の対話による営みであると捉えたい。

　苅宿ら（2012）は，「「学んできてしまっていること」を振り返り，それを「まなびほぐす（アンラーンする）」ことによって，あらためて，ほんとうの「まなび」とはどういうものなのかについて考え直そうという営み」としての「まなび学」を提唱し，「「まなび学」の実践としての「ワークショップ」の可能性を探究」している。この「アンラーン」の考え方は，家庭科教育の本質を考えるうえで，示唆的である。

　知識の量の獲得に偏重しがちなこんにちの学校文化の中で，家庭科は学校とは離れた生活場面で活かされる内容を「教科」として取り上げる。このような学習において，生徒にとっては自分自身の生活と向き合うことをとおして既得知識の「まなびほぐし」が必要となり，教師にとっても生活者としての自らのこれまでの生き方が問われ，教師自身の生活課題への「まなびほぐし」を余儀なくされるであろう。

　本書では，家庭科という教科を「まなびほぐす」ための視点と方法を提示していきたい。21世紀に入ってすでに十余年が経過した。これからの社会を担う子どもたちが「生活」を見つめることができるようになる教育のあり方について，考えていくことにしよう。

●引用文献●
苅宿俊文・佐伯胖・高木光太郎編　2012『ワークショップと学び1　まなび

を学ぶ』東京大学出版会。
田中統治 1996『カリキュラムの社会学的研究——教科による学校成員の統制過程』東洋館出版社。
土屋善和・堀内かおる 2012「家庭科における「学力」再考」『横浜国立大学教育人間科学部紀要Ⅰ（教育科学）』14。
西岡正江 2006「生命のはぐくみをともに学ぶ——自分を見つめるきっかけとなる教材との出会い」堀内かおる編『家庭科再発見——気づきから学びがはじまる』開隆堂。
ベネッセ教育研究開発センター 2005「「義務教育に関する意識調査」中間報告書」 http://benesse.jp/berd/center/open/report/gimukyouiku_ishiki/2007/index.shtml（2012年12月2日アクセス）。
堀内かおる 2001『教科と教師のジェンダー文化——家庭科を学ぶ・教える女と男の現在』ドメス出版。

第2章 家庭科の過去・現在
―― 歴史を振り返り〈いま〉を確認する

　家庭科という教科の成立からこんにちまでを振り返ってみよう。従来の家庭科にはどのようなことが期待されてきたのだろうか。これまでの社会背景をたどることによって、第1章で指摘したような、現在多くの人に共有されている家庭科に対するイメージがなぜ生じたのかを考える手がかりが得られるだろう。

1　民主的家庭建設と家庭科

1　家庭科成立当初の状況

　「家庭科」が誕生したのはいつなのかと問われれば、それは、1947年5月に、学校教育法施行規則によって教科が定められたそのときだということになる。

　家庭科の前身となる教科がまったくなかったわけではない。明治時代の学制に端を発する日本の公教育制度の中で、女子の就学率を高めるための方策として、初等教育に「手芸」が置かれ、技能習得を目的とした「家事」や「裁縫」が女子教育の柱となっていた。女

子児童・生徒に求められた学びとは、将来の家庭の担い手としての家事・育児に関わる知識・技術であり、「学問」は女子のためには広く開かれていなかった。

このことは裏返せば、男子児童・生徒にとっては、生活主体として自立して生きるためのすべを学ぶ機会が奪われていたということを意味する。性別分離した教育制度による偏った知の構造によって、子どもたちには早い時期から、「女性として生きる道」「男性として生きる道」に則ったライフコースのレールが敷かれ、「自分らしく生きる道」を選択するための可能性は閉ざされていた。

それが敗戦を迎え、連合国軍最高司令官総司令部（GHQ SCAP）の統治下に置かれるようになり、教育に関しては民間情報教育局（CIE）教育課が関与する形で、文部省（当時）が新たな教育改革に着手し、教育法規を整え、新しい学校教育をスタートさせた。その中に、「新設教科」として「家庭科」と「社会科」があった。

家庭科は、かつての家事科・裁縫科とは別のものであることを明確に宣言してスタートしたと言われている。当時の家庭科に関わる「三否定」とは、「家事科・裁縫科の合科ではない」「女子教科ではない」「技能教科ではない」というものだった。

ここで、「家庭科とは「技能教科」ではなかったのか？」と疑問を感じた読者もいるに違いない。第1章の冒頭で、家庭科と言えば今もなお「調理」「裁縫」「家事」というイメージを持たれていると述べた。しかし教科としてのスタート地点では、少なくとも理念上は、それまでの女子のみを対象とした教育の範疇を超えて、男女共に必要な教科だと考えられていたのである。それが、その後の教育政策の渦中で、方向転換を余儀なくされていく。この点について詳しくは、後述する。

成立当初の家庭科は、1947年に発行された最初の学習指導要領の冒頭に置かれた「はじめのことば」において、「家庭建設の教育」

19

を行う教科であることが示されている。同時に,「家庭生活の重要さを認識するため」に,「男女共に家庭科を学ぶべきである」と明記された。

当時の日本社会では,民主的な国家を目指して民主主義を根付かせようとしており,そのための手段となる教育に期待が込められていた。「家庭」は社会の基礎単位と見なされ,家庭が民主化され民主的な意識を持つ子どもたちが育まれることによって,その子どもたちが成長して担う社会もまた民主的なものとなるだろうと期待されたのである。他方,社会科は,ダイレクトに社会の民主化に寄与する教科として,新しく誕生した。教科のルーツにおいて,家庭科と社会科は「国家の民主化」という共通の意義を背負って誕生したと言えよう。

家庭科が小学校の科目として設置されるにあたっては,CIE側からの反対があったと言われている。アメリカでは初等教育の科目の中に家庭科はなく,中等教育の職業科目として位置づけられていた。職業につながる技能教科として小学校から学ばせる必要性は認められないというCIE側の見解に対し,日本で学習指導要領の原案を作成した大森松代(のちの山本松代)は「家族関係を中心とする」教科として家庭科を位置づけ,家庭を担うのは女性のみでないことから男子にも学ばせる必要があると主張したのである。

前述のように,「家庭の民主化」が教育の目的として掲げられていた時代であったので,小学校から家族関係について学ぶ家庭科の妥当性が認められた。当時は男児が「裁縫」を行うことに対して,文部省の教育課長がコメントを寄せるなど(図2-1),社会的にも話題を呼んだと推察される。

2　生活経験主義教育の中の家庭科——問われる独自性

しかし,誕生して間もなく,小学校家庭科の廃止論が台頭する。

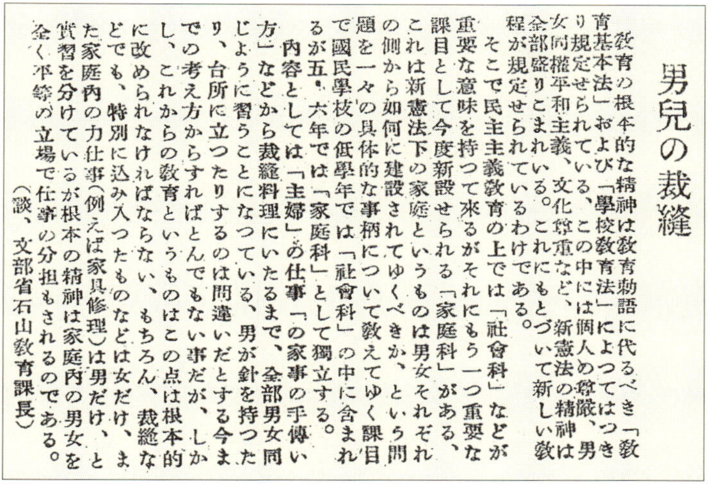

> **男児の裁縫**
>
> 教育の根本的精神は教育勅語に代るべき「教育基本法」及び「學校教育法」に規定せられてゐる。「一に平和主義・民主主義への精神」「二に個人の尊重」などがその中にも新しい精神の一つとして新興日本の教育は男女平等女子教育の振興を基盤として規定せられて來るがそれに伴って民主主義教育の上で「家庭科」というものが新設せられるそこにもう一つ重要な意味を持って來るが「社會科」などがそれぞれ男女ともに與えられる重要な課目としてある。
>
> これは今迄の如何なる建設的な事柄についても教えてゆくべきという課目の中に含まれる。
>
> 課目として今度新設せられる「家庭科」の中に含まれる「社會科」として獨立する「の家事の手傳い一々の具体的な事柄について教えてゆく」とうものであるが一方としては國民學校の低學年では「主婦」の仕事というものがとんでもない事だとする今の考え方からすれば、大変「家庭科」というものの教育という考え方からすれば「主婦」の仕事にいたるまで、男が針を持つた点などは根本的にまた改めなければならない。もちろん裁縫とかその家庭内の仕事（例えば家具修理）は男だけとか特別に込入つたものなどは女だけとか、賃と家庭内の力仕事（例えば家具修理）は男だけ家事の分担もされるのである。
>
> （談、文部省石山教育課長）

出所）初出：『家政教育』第21巻第6号（1947）。復刻版：家政教育社編『家庭科教育』（大空社, 1989）より転載。

図2-1　コラム「男児の裁縫」

　この「廃止論」の背景には，当時の日本の教育の基本的な方向性があった。当時の生活経験主義に基づく教育の中で，家庭生活に根ざした教科であることに理念を置く家庭科で取り上げられていたような内容は，社会科や理科などの他教科においても取り上げられていた。さらに，家庭生活経験を中核とした社会科を基軸とするコア・カリキュラムが構想・実施されていた。このことによって，家庭科でなければ学べないことは何なのか，初等教育における家庭科の独自性とは何かが問われるようになったのである。

　設立当初より，CIE教育課の担当官が初等教育への家庭科導入に対し疑義を持っていたことはすでに指摘したとおりであるが，このときの担当官であったヤーディは，小学校を視察した際に，「裁縫ばかり」やっていたと述べたとも伝えられている。

当時の日本社会は物資が不足し貧しかったため，生活を改善するために必要とされたのは，裁縫の技能・技術の習得であった。技術を有していれば，材料さえあれば新しい服を自分でつくることができ，身なりを整えることができる。大量生産・大量消費の現代とは異なった「手づくり」に対するニーズが確かにあった時代だった。
　また，理念として「民主的家庭建設」を掲げていたものの，当時の教師たちにはたして「民主的家庭」について授業で取り上げる力量があったのかどうかという点も，一考に値する。教師たち自身が生きていた現実の家庭生活は，「民主的家庭」とはほど遠い家父長的な家族関係のもとにあったことは想像に難くない。
　最初の学習指導要領が発行された 1947 年に実施された世論調査「男女平等に関する意識調査」では，「男女の不平等がなくなること」に対する賛否が問われている（堀内　2003）。このような事柄に対する賛否が問われていたということ自体に驚かされるが，少なくない割合で「反対」と回答した者が男女ともいたのである。その理由として，「時期尚早」「夫唱婦随の美風がすたれる」といった項目が高率を示していた。こういった男尊女卑の世論が残存していた時代に，「男女平等の民主的な家族関係」について授業で取り上げ教えるということには，困難が伴ったことだろう。
　1947 年に発行された学習指導要領に記されていた「家庭建設の教育」としての家庭科教育の実施には，以上のように当初から高いハードルがあった。結局，小学校家庭科は廃止を免れたが，「家庭科でなければ教えられないこと」の問い直しを余儀なくされた。その結果，1950 年 6 月の教育課程審議会答申によって，家庭科は衣，食，住に関する生活について，「身のまわりの処理の仕方」や「基本的な家庭技術を習得すること」に主眼を置くこととすると明記された。すなわち，「家庭生活で必要な技能・技術」は，家庭科でなければ教えられないと見なされたのである。

前述のように，当時は裁縫技術が家庭生活の中で必要とされていた。そして，裁縫や調理などの技術を指導するためにふさわしいのはどのような教師なのかが問われ，現実の家庭生活において性別役割分業を担っている女性の方がその技術に長けていると考えられ，「女性教師」による指導がより適切だと見なされた。

こうして，家庭科は「技能教科」としてのアイデンティティを付与されることになった。当時の学習指導要領の原案を作成してから1948年に農林水産省に初代生活改善課長として異動した山本（大森）松代は，78歳のときに当時のことを回想し，インタビューに答えて次のように語っている（福原　1987）。

> 男女共学ということを文部省と確認してから書き始めました。それが前提条件だということで執筆を承諾しました。私は，それを条件にして，書くか書かないかという態度でしたから，文部省としては書いてもらわなければ困るから，その気はないのに「はい」といったのでは，と思いますよ。（中略）文部省は，家庭科の共学は考えてもいなかったということを何年もあとになってから気がつきました。

インタビュアーの「先生が構想された家庭科の理念が，現場にゆき渡っていましたら，戦後の家庭科教育の歴史は変わっていたかもしれませんね」との言葉を受けて，山本はさらに次のように述べている。

> 私も，そういう思いです。私の構想した家庭科の理念は，私自身のいろいろな体験の上で組み合わされて，体験からしぼり出してつくったものですから，当然，実践されていくと思っているわけですね。でも，そういう体験の裏づけのない人が，理念だけわかってもどうしようもないということを，だいぶんたってから発見しました。日本の教師自身が，当時，全く体験していなかったことを，私が言ってきたよ

うな気がするんです。

　戦前にアメリカ留学をして家政学を学んだ経験を持つ山本のリベラルな家庭科観は，戦後当初の日本の教師たちには，容易に理解されなかったのかもしれない。

　最後に，農林水産省に異動したことについて山本は，家庭科教育の現場から手を引いたことを「いつまでも折に触れて思い出すことで，今でも，大きな悔い」だと語っていた。

　山本の言葉から考えさせられるのは，歴史上の出来事に遭遇した個々人の人生の選択とタイミングである。もしも山本が文部省に残っていて，学習指導要領発行後の日本の家庭科教育に指導者として携わっていたなら，歴史はどのように動いていただろうか。

　また当時，小学校家庭科が廃止されていたら，その後の家庭科教育はどのように変容していたであろうか。あくまでも仮定の話であるが，教育に関わる者としての私たちのこんにちの選択や実践が，この先の子どもたちの姿や教育のあり方を変えていくかもしれないということは，頭の片隅に置いておきたい。

2　職業教育としての家庭科

1　新制中学校における家庭科の位置づけ

　小学校家庭科が，戦後の新しい独立した教科として創設されたのに対し，中等教育としての家庭科のルーツは，職業教育の中に見出される。1949年の文部省通達「新制中学校の教科と時間数の改正について」によると，職業科と家庭科は並置する形で置かれ，さらに必修教科と選択教科の両方が置かれた。

　必修教科としての家庭科は，「家庭生活のあり方の理解と理想追求への望ましい態度」「家庭生活における実技」および「近代的民

主的社会における家庭の理解」等が目標とされた。また、家庭科における実習は「職業科における啓発的経験」と見なされた。

　1951年には職業・家庭科が誕生した。『中学校学習指導要領職業・家庭科編（試案）昭和26年（1951）改訂版』によると、この教科は、「実生活に役だつ仕事を中心として、家庭生活・職業生活に対する理解を深め、実生活の充実発展を目ざして学習するもの」として位置づけられた。

　また、地域の違いや性別・個性等の「生徒の事情」によって「教育内容を生活の実際から組み立て、それを実践させるところをねらっている」教科であるために、学習対象者に応じた教育内容が設定された。具体的には、「農村男子向き課程」「都市工業地域男子向き課程」「都市商業地域男子向き課程」「漁村男子向き課程」「農村女子向き課程」「商業地域女子向き課程」に区分されていた。

　男女別の課程が示されてはいたが、履修方法は必ずしも男女にそれぞれ特化させるのではなく、第1学年では男女共通内容、第2・3学年では学校による自由選択制をとっていた。そのことによって、男子も「家庭科的内容」を履修したり、女子も「職業科的内容」を履修する可能性が残され、実際に相互乗り入れが行われていた（田中　2000，横山　1990）。

2　科学技術振興政策と家庭科

　1950年代後半になると、日本は高度経済成長の時代に差しかかる。科学技術の振興が国家的目標となり、1957年には中央教育審議会答申「科学技術教育の振興方策について」が公表され、科学技術教育の充実が求められた。

　1958年に初めて文部省告示という形で小学校および中学校学習指導要領が定められた。このとき職業・家庭科は発展的解消となり新教科「技術・家庭」が誕生した。この教科には、「男子向き」「女

子向き」というジェンダー区分が導入され，性別によって異なる学習内容が課されていた。同学習指導要領の「技術・家庭」に関する「各学年の目標および内容」には，以下のように明記されている。

> 生徒の現在および将来の生活が男女によって異なる点のあることを考慮して，「各学年の目標および内容」を男子を対象とするものと女子を対象とするものとに分ける。

「現在および将来の生活が男女によって異なる点」を「考慮」するというように，性別役割分業が当然視され，教育的配慮として男女別のカリキュラムを提供するという形で，教育における男女差別が公的に導入されたのである。女子生徒には「家庭」に関する内容，男子生徒には「技術」に関する内容が与えられ，反対の性別に「向いている」と見なされた内容について，生徒たちは学ぶ機会を奪われた。

落合（1994）は日本の高度経済成長期の家族関係について「家族の戦後体制」と定義し，性別役割分業を基盤とした結びつきである近代家族と専業主婦が一般大衆化した時期だと論じている。このとき，国家の経済的復興を背景として，社会の担い手となる労働者すなわち男性と，それを家庭で支える妻である女性によって形成される核家族が，一つのモデルとされた。家庭科教育は性別によって分離したカリキュラムを生徒に課すことをとおして，間接的に性別役割分業に則った家族観の普及に一役買うことになったのである。

3 「女子向き」にシフトした家庭科教育

1 高等学校家庭科の位置づけと女子必修化への経緯

高等学校の家庭科は，戦後の新教育の中で設立当初は男女とも選

択科目であった。換言すると，男子の履修を妨げるものではなく，女子は必ずしも履修しなくともよかった。1951年当時の資料によると，女子の履修率は「一般家庭Ⅰ」が67.8％，「一般家庭Ⅱ」が57.2％であったという（朴木 1990）。小学校家庭科廃止論の際に結成された家庭科教師による全国的な団体「全国家庭科教育協会」は，この値を「低い」と見なし，1952年3月に高等学校家庭科の女子必修を求める請願書を国会に提出した。その文書には，戦後の新教育が掲げてきた男女平等，教育の機会均等が叫ばれる中で，「本質的な女子教育」がおろそかにされているとの嘆きが記されている。さらに，同文書では，「大学進学者といえども高等学校の時代に最低限の家庭科を履修することは男女の特質を生かすことでこそあれ，男女の本質的平等をおかすものではない」と断言されている。

　このような文面から，女子のみに家庭科を学ばせることは差別ではなく，「性別によって異なる特性」の尊重であって，「男女平等」とはすべてを男女で同質にすることではないという論点がうかがわれる。

　ジェンダーの問題を考えるにあたり，上記のような「特性論」に基づく論証は常に行われる。そのような見解に対しては，男女で区別する必要のあることなのか，区別する必要はないのに区別しなければならないと考えられていることなのかを十分に吟味しなければならない点を指摘しておきたい。何よりも，生徒自身にとって「必要な区別」なのか，それとも「不要な配慮」なのかを問う必要があるだろう。後者は，男女差別につながる。高等学校家庭科の女子必修化を求めた熱意ある家庭科教師たちは，性差別的意識を持って女子に家庭科を押し付けたとは思ってもいなかっただろう。それどころか，本気で女子の将来を思い，高校生のうちに学んでおいてほしいことを真剣に考えていた，善意あふれる教師たちだったことは想像に難くない。しかし結果的に，教師たちの熱意が女子に対する性

差別を強化し，主婦養成の教科としての家庭科の地位を固めた，と言える。

2　学習指導要領改訂と家庭科

1960年に高等学校学習指導要領が文部省告示という形で定められた。このとき，家庭科は原則として女子のみ「家庭一般」を4単位履修することが明記された。

この学習指導要領改訂に先立ち1960年3月に公表された教育課程審議会答申「高等学校教育課程の改善について」では，「女子の特性にかんがみ，家庭生活の改善向上に資する基本的能力を養うため」に，すべての女子に家庭科を履修させるとしている。

このような女子のみに家庭科を必修で履修させようとする傾向は，次の1970年の学習指導要領改訂に先立つ教育課程審議会答申（1969年9月）においても見られ，ここではさらに明確に女子が家庭科を学ぶ必要性が指摘されている。同答申の「改善の基本方針」では，「生徒の能力・適性の伸長を図り，男女の特性に応じた教育を行なうため」に教育課程の弾力的な編成が行われるようにする必要があると述べられている。つまり，「生徒の能力・適性」とともに，「男女の特性」は，教育に際して考慮し前提とするべき事柄と考えられていた。

そのうえで，「改善の具体方針」として，「女子の特性にかんがみ，明るく豊かな家庭生活を営むうえに必要な基礎的能力を養うため」に，すべての女子生徒に家庭科を課したのである。この「改善の具体方針」には続けて，女子生徒が「家庭経営の立場」から食物，被服，住居，保育等の内容について「総合的に習得」し，「家庭生活の充実向上を図る実践的態度」を養うという目的が記されている。また，そこには，「母親の役割の重要性について理解を深める」という文言もあり，女子生徒を将来の家事・育児の担い手として想定

し，その意識喚起と実践力養成をねらったものと見て取れる。

1970年改訂の学習指導要領によって，すべての女子に「家庭一般」4単位が必修となった。男子に対しては，体育を女子より2単位多く課すこととし，男女の履修単位数を合わせた。このようにして制度化された高等学校における家庭科の女子のみ必修は，その後20年ほど続くことになったのである。

3　高等学校家庭科男女共修実施を求める動き

高等学校における家庭科の女子のみ必修化が確定したのち，家庭科教育関係者や議員，弁護士や保護者などの市民によって1974年に「家庭科の男女共修をすすめる会」が組織された。彼ら・彼女らは，男女別の履修形態にある家庭科教育は差別であると指摘し，「男女とも必修科目として，同じ教室でいっしょに同じ内容の学習をすること，別学校でも男女とも必修科目として同じ内容の学習をすること」（家庭科の男女共修をすすめる会編　1997）を意味する「男女共修」の家庭科実現に向けた運動を開始した。

家庭科4単位が女子のみ必修となった経緯はすでに述べたとおりであるが，京都府や長野県では，独自に「家庭一般」2単位を男女とも必修で実施していた。長野県の場合は，1973年から教職員組合の自発的な取り組みとして一部の学校で実施された（伊藤ほか2011）のに対し，京都府では教育委員会の判断で府立高校全体に男女共修の推進が図られた点に特色がある。

京都府で当時の男女共修家庭科教育に着手した教師の一人であった土永淑江は，教科書に書かれていることや学習指導要領に記されていることが現実の生活と乖離していることを実感し，「「こんなことを教えていていいのか，何の役に立つのか」という疑問と不安を常に抱いていた」という（高野ほか　2010）。こうした問題意識を共有できる教師たちが自主的に集まり結成した「家庭科研究会」は，

29

やがて府立・市立・私立の高等学校合同の行政主導による「京都府立高校家庭科研究会」として発展した。

1968年から同研究会は、指導主事であった森幸枝が中心になって家庭科教育についての研究を重ねていった。「教科書の中身をもう少し実のあるものにしたい」という思いから始まったこの会は、家庭科は共学で学ぶことが妥当だという方向性を導いた。

やがて、1970年の学習指導要領の完全実施となる1973年に、京都府案の家庭科男女共学カリキュラムが京都府教育委員会にて承認された。この京都府教育委員会の決断によって「家庭一般」は「可能な限り男女共修を進めるようにする」ものとなり、「家庭一般」4単位のうちの2単位が、男女が共に学ぶ内容として編成され、府下の高等学校で実施が図られるようになっていった。

以上、長野県と京都府の男女共修に向けた取り組みを紹介したが、これらは全国的に見て「例外」であり、女子のみ必修の高等学校家庭科の時代は、まだしばらく続いたのである。

4　男女平等を目指す世界的な動きと家庭科

1　国際婦人年がもたらした影響

1975年は、国連の定めた国際婦人年だった。この年を契機として、世界的に女性の地位向上と男女平等を志向する動きが台頭し、1979年の女子差別撤廃条約の採択によって、男女平等な社会の構築が全世界的な課題として認識されるに至った。

女子差別撤廃条約では、第10条において、「同一の教育課程、同一の試験、同一の水準の資格を有する教育職員並びに同一の質の学校施設及び設備を享受する機会」そして「すべての階級及びあらゆる形態の教育における男女の役割についての定型化された概念の撤廃」を確保することと明記された。この条項が、特に家庭科の女子

のみ必修に抵触し，家庭科教育の状況が男女差別であると認識されるようになった。

　国連は，1976年から1985年までの10年間を「国連婦人の十年」と定め，その中間年である1980年には，国連婦人の十年中間年会議が開催された。中間年会議では，女子差別撤廃条約への署名式が行われ，日本も署名した。日本国内においても，行動計画が策定され，さまざまな分野における施策・法律の見直しが着手されていった。

　国連婦人の十年の最終年である1985年に開催された世界会議において，日本は，女子差別撤廃条約への批准を果たす。そのことによって日本は，同条約締結国として国内の状況が改善されるように取り組む義務と責任を負うことになり，取り組みの成果についてはレポートを提出し，国連女子差別撤廃委員会の審査を受けることになった。

2　家庭科の制度改革に向けて

　女子差別撤廃条約の趣旨を順守するために改善が必要とされたことの一つが，高等学校家庭科の女子のみ必修であった。1985年の女子差別撤廃条約批准に向けて，1984年には，文部省内に「家庭科教育に関する検討会議」が設置され，「男女とも「家庭一般」を含めた特定の科目の中から，いずれかの科目を必ず履修させることが適当」という提言がなされた。この段階では，「選択必修」という方向性が打ち出されて，最終的な判断は教育課程審議会の審議にゆだねることとされていた。

5　男女が共に学ぶ家庭科の実現

　1989年に学習指導要領が改訂・告示された。このとき高等学校

家庭科は男女ともに必修の教科となり,「家庭一般」「生活技術」「生活一般」の3科目の中から1科目を選択することになった。

　各科目の目標・内容を詳細に見ると,女子のみ必修家庭科が払拭しきれていない点も散見される。例えば,「家庭一般」は,「家庭経営の立場」から学ぶとされている。ここで言う「家庭経営の立場」とは,1960年の女子のみ必修家庭科において志向されていた「女子の特性」に根ざした「主婦の立場」にほかならない。

　また,中学校においては,技術・家庭科に新たに導入された領域「家庭生活」に加え,「食物」「木材加工」「電気」の合計4領域が男女の共通履修領域として設定され,このほかの選択の内容については,各学校の裁量に任された。

　1989年の学習指導要領改訂・告示は,家庭科教育の歴史において,初めて小学校から高等学校まで,男女が共に「同一の教育課程」で学ぶように定めた記念すべき出来事である。家庭科教育に関する制度上の男女平等は,こうして達成された。

　しかし,いかに制度が整えられたとしても,実際に行われている教育において「実質的平等」が達成されているとは限らない。制度上の男女平等が保障しているのは,教育において男女平等かどうかを判断するための枠組にすぎない。生徒がどのような方法で学んでいるのか,学習環境や教師の言葉の中にジェンダー・バイアスが潜んでいないかどうか,注意深く授業実践の質を見取っていくことが,家庭科教育における実質的平等を追求するうえで不可欠である。ジェンダーに敏感（ジェンダー・センシティブ）な視点で,授業を見取る必要がある。

6 「家庭科新時代」の先へ

　文部省は,1992年に「家庭科新時代に向けて」という副題を付

した高等学校家庭科指導資料を刊行した。女子のみ必修で「主婦養成」の教科として機能していた時代から一新し，男女が共に学び，家庭生活をつくっていく主体となることを目指す教科へと家庭科は変容し，こんにちに至っている。

1989年の学習指導要領改訂ののちに，1998・1999年（小学校および中学校：1998年，高等学校：1999年），2008・2009年（小学校および中学校：2008年，高等学校：2009年）の改訂を経て，20年余りの歳月が経った。

2012年3月の大学卒業生の多くは，1989年生まれであった。教員養成系学部・課程で学び，2012年4月から教師となって教壇に立っている者たちの中にも，1989年生まれは多い。家庭科新時代のスタートとともにこの世に生まれた若者が，教育の担い手として社会に進出していく時代に，今，私たちは到達している。

小学校から高等学校まで，たくさんある教科の一つとしてあたりまえのように家庭科を学んできたこんにちの大学生たちにとって，家庭科にはジェンダー差別を再生産していた歴史があったことなど，考えもしないだろう。しかし教育には，「教育的配慮」の名のもとに，さまざまな形で差別や偏見が入り込む危険性がある。また，多様な価値が存在する中で，ただ一つの価値を「正しいもの」「善きもの」と見なし，子どもたちに植え付ける場合も皆無とは言えない。家庭科教育の歴史を読み解く現代的意義は，まさに以上のような教育の危うさを再確認できる点にある。

当時の教育政策に翻弄され，生徒の将来のためを思い，善意でジェンダー差別を生み出し続けていたかつての教師たちの姿から，家庭科教育の本質とは何かと，教師自身が問い続ける必要性が示唆されよう。

京都府や長野県の教師たちが自主的に家庭科の教育的意義を問い直し，男女共修である必要性を確信して，目の前の生徒たちにとっ

て求められる授業を創造し実践した事例に学ぶことは多い。目の前の子どもたちの生活現実に足場を置いて，彼ら・彼女らが生活主体となる力を育成する教育実践を積み重ねていくことが，これからの家庭科教育には最も求められよう。

「家庭科新時代」と叫ばれた時代は過ぎ去り，現在進行形で私たちの生きる社会は変化している。時代に乗り遅れた家庭科になってはいないか，そしてまた，時代を超えて語り継ぐべきことを忘れた家庭科になってはいないか，注意深く学習内容を検討しながら，目の前の子どもたちにとって「活きる」家庭科教育を実践していきたい。

● 引用文献 ●

伊藤葉子・鶴田敦子・高野俊・片岡洋子・宮下理恵子 2011「家庭科の男女共修に取り組んだ教師のライフヒストリー研究——1970年代の長野県において」『日本家庭科教育学会誌』54(2)。

落合恵美子 1994『21世紀家族へ——家族の戦後体制の見かた・超えかた』有斐閣。

家庭科の男女共修をすすめる会編 1997『家庭科，男も女も！——こうして拓いた共修への道』ドメス出版。

高野俊・伊藤葉子・片岡洋子・宮下理恵子・鶴田敦子 2010「家庭科の男女共修に着手した教師のライフヒストリー研究——1960～1970年代の京都府において」『日本家庭科教育学会誌』53(1)。

田中陽子 2000「中学校の職業・家庭科」日本家庭科教育学会編『家庭科教育50年——新たなる軌跡に向けて』建帛社。

福原美江 1987「山本松代さんに聞く——共学家庭科の原点に立ち戻る」『季刊女子教育もんだい』30。

朴木佳緒留 1990「戦後初期家庭科の実状と変化」朴木佳緒留・鈴木敏子編『資料からみる戦後家庭科のあゆみ——これからの家庭科を考えるために』学術図書出版社。

堀内かおる 2003「家庭科は誰が学ぶもの？——〈ジェンダー再生産の象徴〉を超えて」天野正子・木村涼子編『ジェンダーで学ぶ教育』世界思

想社。
横山悦生　1990「産業教育の振興と家庭科」朴木佳緒留・鈴木敏子編『資料からみる戦後家庭科のあゆみ──これからの家庭科を考えるために』学術図書出版社。

第3章 家庭科教育の意義
　　　——〈生活について学校で学ぶ〉ということ

　第2章で，家庭科は「民主的家庭建設のための教科」として，戦後の新教育の象徴として設置された教科だったと述べた。社会の基礎単位となる「民主的な家庭」の構成員が担う社会は民主的な国家を形成すると考えられたわけだが，そこには家庭科教育をとおして社会変革を志向するという，政策的な意図が見て取れる。
　ところで，こんにち，学校教育の中に家庭科が位置づけられていることには，どのような意味があるのだろうか。家庭科を学校で学ぶ意義について，考えてみよう。

1　「役に立つ」とはどういうことか

　「家庭科についてどう思いますか」と尋ねたときに返ってくる答えでよくあるのが，「役に立つ」というものである。「生活の中で役に立つ」「生きていくうえで役に立つ」「単身赴任をしたとき役に立つ」等々の肯定的な回答が典型的である。
　確かにこれらの回答は，家庭科の意義や価値を認めている。しか

し少し立ち止まって考えてみよう。「役に立つ」とはどのようなことなのだろうか。

「役に立つ」とは，広辞苑によると「そのことのために十分適している。用をなすに足る」という意味である。「役に立つ」という言葉は，上記の「生活の中」や「単身赴任をしたとき」というような一定の条件のもとで意味をなす。「家庭科」すなわち正確には「家庭科で学習したこと」が一定の条件下で「役に立つ」と捉えられる。

はたして他教科の場合，同様に語ることはできるのだろうか。読み・書き・計算というようなツールを扱う教科が，具体的な場面において「役に立つ」と感じられることはあるだろう。しかし，多くの教科で学ぶ広範囲にわたる知識が，具体的に「役に立つ」と表現されるだろうか。

多くの教科は「役に立つ」と直截的に見なされなくとも，別の意味で価値があると捉えられている。それにひきかえ，なぜ家庭科を評価する代表的な言葉が「役に立つ」なのだろうか。逆に言うと，「役に立たない」と見なされたら家庭科の教育的価値はなくなってしまうのだろうか。そうだとしたら，「役に立つ」か「役に立たない」かを判断する基準は，どこにあるのだろうか。

2 実学としての家庭科像

家庭科は実学，すなわち机上の知識のみで終わらない，「実践の学」である。その内容は家庭生活全般にわたり，学習者は，家庭生活を「よりよく」するための知識と技術を学ぶ。さらに，学ぶ過程で生活を見直す視点や考え方を獲得し，「生活者」としての見識を自らの中に育んでいく。

家庭生活が「よりよく」なるために活かされたとき，家庭科は

「役に立つ」と実感を伴って評価されることになろう。いわば家庭科は，生活における活用型学力を形成する教科であり，どんなに知識が豊富でも生活の中で活用できなければ，家庭科の力がついたとは見なされない。実質的に学習者にとって生活の中で「役に立っている」かどうかが，家庭科学習の効果を表すと考えられる。

しかしそもそも，生活とは個別性が高いものであり，正しい理想的な生活のモデルを示すことが教育的だとは思えない。それは一種の思想統制であって，生活者の価値観や生き方を規定する危険性をはらんでいる。「よりよく」という言葉が示している内容は，人によって異なるだろう。「よりよく」，つまり現段階より少しでもよい方向に改善するために参考となる知識や，変化をもたらすために必要なことが，「役に立つ」という評価の対象になる。

そう考えると，家庭科という教科は，学習者の生活の中に新しい気づきと変化をもたらす契機を与え，学習者が生活を見つめ直し，改善に向けたアクションを起こすための力をつける，というねらいを持っていると言えよう。

3 高校生の捉える家庭科を学習する目標

それでは，現役の高校生たちは，家庭科を学ぶ意義をどのように考えているのだろうか。土屋と堀内（2012）は，全日制および定時制課程に在籍する男女高校生 935 名に対する質問紙調査を実施し，「家庭科を学習する目標」について尋ねている。その結果，「生活に関する知識を習得するため」「生活に関する技術を習得するため」という回答が比較的高率を占め，さらに定時制よりも全日制の生徒のほうが，有意に高率を示した。生活に関する知識や技術は，習得されていれば確かに役に立つだろう。

他方，定時制課程に在籍する高校生のほうが全日制課程の高校生

よりも有意に高率を示したのは,「根拠を持ち判断できるようにするため」「生活の課題や問題を発見できるようにするため」「自分の意見や考えを表現できるようにするため」といった項目であった。ここで指摘されている力はむしろ,家庭科に関する知識を実生活の中で活用する力だと言える。

全日制と定時制という在籍課程の相違によって,「何のための家庭科学習なのか」という問いに対する生徒たちの受け止め方に相違が見られるのは,生徒たちが,家庭科の学習による「役立ち」を日常のどの文脈と重ねて捉えているかにもよるだろう。定時制課程に在籍する生徒たちは,全日制課程の生徒たちよりも,社会との接点がある生活をしていると考えられる。そのような生徒たちにとって家庭科学習は,単に生活に関する知識や技術を習得するだけではない,思考・判断を伴う学習として捉えられているようだ。得られた知識や技術にしても,それをどのように生活の中で取り上げ,活かすのかという工夫が見られなければ,家庭科の学びが獲得されたとは言えない。その意味で,家庭科を学ぶ意義とは,学習したことを自身の生活に転移させることによって,初めて具現化されるものである。

4 家庭科における教育的価値

今まさに必要とされている知識や技術なら,それを獲得することによって「役に立つ」ことがある。そのような現在求められている内容は,〈いま〉という時代に即したタイムリーで現実的な課題にほかならない。例えば2008年改訂の小学校および中学校の学習指導要領において,「消費生活と環境」という内容の柱が打ち出されたのは,グローバル化と地球環境問題を背景として,市民としての意思決定が問われるこんにちの社会状況をふまえている。持続可能

な開発のための教育 (ESD) の視点の家庭科教育への導入 (石島ほか 2012) は, まさに現代的な教育課題の一端を家庭科教育が担うことを意味する。

その一方で, 以前からずっと変更されることなく家庭科で取り上げられてきている内容もある。小学校家庭科における「米飯と味噌汁」は, その典型的な例である。2011年の総務省家計調査によると初めてパンの出費が米を追い抜いたこんにちであるが, そのような状況にあってなお, 日本の伝統的な食文化として, 主食である米飯と代表的な汁物である味噌汁を取り上げる意味は, なんだろうか。それも, 一般家庭では炊飯器を用いて炊かれることの多い米飯であるにもかかわらず, ガラス製の透明の「鍋」で火加減を調節しながら炊くという実習が行われることが多いのは, なぜだろうか。

こうした家庭科の実践から, 家庭科が単に, すぐに生活で使える技術を教えようとしているわけではないことがわかるだろう。家庭科の調理の授業は, 料理教室とは異なる。料理ができるようになることだけが授業の目的ではない。日常的に行われている生活行為や経験的な知恵として実施されてきた事柄に焦点をあて, 科学的に意味づけしていくことによって, 生活事象の「見え方」が異なってくる。こうして得られた生活に対する「気づき」をもとに, 自分自身の生活を見直し改善するという, スパイラルな生活の捉え直しをもたらす契機となるのが, 家庭科の学習なのである。

したがって, 教師は, 今必要ないから「役に立たない」と言って切り捨ててしまうのではなく, その生活事象に典型的に表れている事柄の価値を吟味して, 授業に取り入れるかどうかを判断することになる。今すぐには「役に立たない」ことが, 教育的に価値がないかというと, 一概にそうだとは言えない。

とはいうものの, 家庭科の内容には, 歴史的にその時代の社会的要請によって新しい事柄が常に盛り込まれてきた。少子・高齢化や

生活習慣病を引き起こす食生活の乱れが社会問題となれば、その点を考慮した学習を行うことが家庭科には期待される。時代の変化から直接的に影響を受けるのが私たちの家庭生活である。

　だからこそ、家庭生活に関わる学習を行う家庭科は、現代社会が直面している問題・克服すべき課題に対しセンシティブであるべきだし、こうした内容を積極的に教科の主題として取り込んでいくべきであろう。本当の意味で「役立つ」こととは、現在の自分自身の生活と重ねて学べることにほかならない。

5　生活科と家庭科

　1989年の小学校学習指導要領改訂の際に、低学年の理科と社会科を廃止して新しく設置された教科が、生活科である。当時の学習指導要領において、生活科の教科目標は、以下のようになっていた。

> 具体的な活動や体験を通して、自分と身近な社会や自然とのかかわりに関心を持ち、自分自身や自分の生活について考えさせるとともに、その過程において生活上必要な習慣や技能を身に付けさせ、自立への基礎を養う。

　内容に関しては、第1学年に以下のように家庭生活と家族に関する事項が含まれている。

> (2)家庭生活を支えている家族の仕事や家族の一員として自分でしなければならないことが分かり、自分の役割を積極的に果たすとともに、健康に気を付けて生活することができるようにする。

　2008年改訂の小学校学習指導要領においても、生活科の教科目標は創設以来20年を経てもほとんど変化がない。家庭生活と家族

に関する内容については，2008年改訂学習指導要領では第1学年および第2学年の内容としてまとめられた。文言に多少の変化はあるものの，下記のように基本的な考え方は変わっていない。

　　(2)家庭生活を支えている家族のことや自分でできることなどについて考え，自分の役割を積極的に果たすとともに，規則正しく健康に気を付けて生活することができるようにする。

　小学校低学年の段階で家族の仕事や家族の一員としての自己認識が取り上げられており，同じ2008年改訂の学習指導要領の第5学年および第6学年の家庭科でも，「A.家庭生活と家族」において，以下のような内容が取り上げられている。

　　内容(1)ア　自分の成長を自覚することを通して，家庭生活と家族の大切さに気付くこと。
　　　　(2)ア　家庭には自分や家族の生活を支える仕事があることが分かり，自分の分担する仕事ができること。

　家族や家庭生活について考えるための視点としては，生活科も家庭科も同じ方向を向いている。それは，家庭生活が誰のどのような働きによって成り立っているのかに気づき，家族の一員として自分に何ができるのか考え，実行しようとする視点である。

　家庭科教育研究者の間では，低学年における生活科の導入に伴い，第5・6学年に置かれている家庭科との関わりをどのように位置づけていくのかという検討が行われてきた。新福（1987）は，家庭科教育の視点から生活科を捉え直し，現状では生活科が置かれていない第3・4学年でも発展的に生活科を学ばせる提案を行っている。これは，第4学年までを含む「生活科」を構想し，それを第5・6学年の家庭科の学習へとつなぐという提案である。この一連の学習

のコアとなるコンセプトとして,「自己生活力の育成」が掲げられた。

この新福のような教育観は,歴史をたどれば戦後初期の1940年代末から50年代初頭の,小学校家庭科をめぐる状況にまで立ち返ることができる。第2章で論じたとおり,1948年ごろから台頭した小学校家庭科廃止論をめぐる一連の教育界の動向は,当時の教育行政における連合国軍最高司令官総司令部民間情報教育局（CIE）教育課の担当官と,文部省関係者,そして教育現場の家庭科教師たちを含む家庭科教育関係者という三者間の協議と駆け引きの中で家庭科教育が形づくられていく状況で生じたものであった。社会科を核とするコア・カリキュラムを提唱する経験主義教育の隆盛を背景として,小学校における家庭科という教科の独自性とは何かが問われた（堀内 1995a, 1995b, 1995c, 柴 2007）。

小学校家庭科廃止論が提起した問題の一つの帰結として,1951年に『小学校における家庭生活指導の手びき』が刊行された。この「手びき」は,子どもの家庭生活について「学校」が指導するというスタンスで,その内容は衣食住のことから家族関係,生活習慣にまで及んでいた。そして,「手びき」では学級の子どものことを日常的に接してよく把握しているのは学級担任であるから,子どもの家庭生活指導は学級担任が担うことが望ましいと提言されている。その結果,男性の学級担任が子どもの家庭生活に関する指導に関わるようになった半面,家庭科は女性教師による「技能指導」を主とする教科へと変貌せざるを得なかった。それが,家庭科が教科として生き残るために必要であり,結果として家庭科は「技能教科」というアイデンティティを確立することになった（堀内 1995c）。

こんにち,家庭科と家庭生活指導との関わりを改めて見直してみると,両者の共通点の多さに気づかされる。学校で家庭生活について指導するというと,矛盾のようにも聞こえるが,学校だからこそ

可能な「指導」もあるはずだ。

　一方，生活科はその一部に家族や家庭生活に関わる内容を含むものの，「家庭生活指導」と同じではない。社会や自然との関わりへの関心といったところに足場を置きながら，体験的な活動をとおして日々の暮らしと関わる人・事・モノに目を向け，学ぶのが生活科である。

　それに対して，家庭科は，家庭生活に足場を置きながら，家庭生活と社会とのつながりに目を向け，生活者の立場から社会のあり方を展望するという方向性を持っている。家庭科では，「家族の一員としての自覚」をもとに，生活の知識・技能を活かして家庭生活の中で自ら働きかけられるようになることを目指している。

　家族からさまざまな世話を「してもらう」ばかりだった自分から，「家族の役に立つ」自分へと，成長したことを実感できる学習が，家庭科の学習なのである。「家族の役に立つ自分」は，「家族にあてにされる・必要とされる自分」でもある。家庭科をめぐる「役に立つ」という思想は，究極的には自分自身の姿として学習者自身の成長を表す言葉となって返ってくる。

6 「総合的な学習」と家庭科

「総合的な学習の時間」は，「ゆとり」ある教育を標榜し，子どもたちに「自ら学び自ら考える力などの「生きる力」」を育むことを目指した1998年の学習指導要領改訂時に創設された。このときの学習指導要領改訂では，学校週五日制を完全実施し，授業時数を年間70単位時間縮減した。「総合的な学習の時間」は，国際理解，情報，環境，福祉・健康など横断的・総合的な学習などを実施するものとされ，学校独自に特色ある教育活動を展開することが期待された。

第3章　家庭科教育の意義

　松本（2001）は，教科教育と「総合的な学習の時間」の課題と課題解決を比較して，教科の学習における課題を「学習対象に対する学習者の未知そのもの」と見なし，その課題の解決とは「未知に対する問題解決が成立し，未知を知にすること」と定義した。他方，「総合的な学習の時間」における課題とは，「今日の社会が直面している「一国では解決できない課題」あるいは「世界共通の重要課題」」であるとし，その課題の解決とは，「一国では解決できない世界共通の重要課題の解決に少しでも貢献すること」だと見なした。

　さらにその貢献のあり方として，「自分自身が相手の役に立つ」という形のほかに，相手や地域を動かし社会を変えるタイプの貢献があると指摘し，総合的な学習で目指すのは後者の貢献の形だと位置づけた。

　ところで，上記の松本による教科教育と「総合的な学習」の比較から示唆されるのは，家庭科はその学び方において，「教科」というよりはむしろ「総合的な学習」に近いのではないかということである。家庭科の学習における課題は，子どもたちにとってまったく「未知のこと」ではない。それは自分自身が関与していないにせよ，日常の家庭生活の中で行われ，子どもたちも「知っている」か「見たことがある」内容が多い。

　家庭科の学習内容は，子どもたちが「既知」のつもりになっているけれど「本当は未知に等しい」事柄であり，かつ「未経験」に分類される事柄だと言えよう。したがって子どもたちの多くは，「どのように課題を解決したらいいかわからない」「解決のために何を手がかりにしたらよいかわからない」という状況にある。

　また，各家庭の日常生活の営みの中で行われていることは，その家庭やその子ども自身にとっての課題という場合もあるが，「今の時代」の家庭生活共通の課題という場合もある。家庭と社会は密接に関わっており，人は家庭に軸足を置きながら，日々の生活の営み

をとおして社会と関わって生きている。家庭生活の仕組みはそれ自体が総合的で,家族との関わりは食生活,衣生活,住生活,消費生活のすべてとつながっている。家庭科で取り上げられる学習内容は,学習内容同士がリンクしあって,総体として家庭科の知を構成する。

家庭科と「総合的な学習」との関わりについては,日本家庭科教育学会が家庭科という教科の持つ総合的な性格をふまえ,提言している(日本家庭科教育学会編 1999)。鶴田(1999)は,「教科が「総合的」であるからこそ,「総合学習」が充実するのであって,「教科の充実」と「総合学習」の充実は連動している」と述べている。「総合的な学習」が導入されたからといって,家庭科という教科における総合的な取り組みがなくなるわけではない。むしろ,家庭科という教科の中で,断片的に衣食住,家族や家庭生活に関わる内容を扱うのではなく,有機的にそれぞれの領域の内容がつながるような授業づくりを目指していきたいものである。

こうして考えると,家庭科は,「総合的な学習」の要素を内部に取り込んでいる教科なのではなかろうか。同書の中で鶴田は,「「生活者としての文脈からの総合的な学習」が家庭科の独自性である」と述べる。「総合的な学習」の中で提起されている現代社会の課題の解決のためには,家庭生活の中で,個々人の意思決定と行動が必要である。

家庭科は,教科教育と「総合的な学習」の境界に位置し,他教科の知をも取り込み,「総合的な学習」と連動することによって,現実の生活場面における活用という観点から,総合的に学びをつないでいく教科だと言えるだろう。

2008年改訂の学習指導要領において,「総合的な学習」は,思考力・判断力・表現力が求められる「知識基盤社会」においてその重要性が増すと見なされている。今後の家庭科教育においては,教科教育の中に「総合的な学習」の学びを引き継ぎかつ関連させて,授

業の充実を図っていきたいものである。

● 引用文献 ●

石島恵美子・伊藤葉子・中山節子　2012「高校家庭科における ESD 実践と授業改善——社会参画意識育成という視点から」『千葉大学教育学部研究紀要』60。

柴静子　2007「占領下の日本における家庭科教育の成立と展開(XXI)——小学校家庭科廃止論の台頭に関する再考察」『広島大学大学院教育学研究科紀要　第二部』56。

新福祐子編　1987『小学校「生活科」の構想と実践——自己生活力の育成をめざして』明治図書出版。

土屋善和・堀内かおる　2012「高等学校定時制課程における生徒の家庭科観——全日制課程との比較から」『日本家庭科教育学会誌』55(1)。

鶴田敦子　1999「家庭科の「総合性」と「総合学習」」日本家庭科教育学会編『家庭科はおもしろい！——家庭科から総合学習への提案』ドメス出版。

日本家庭科教育学会編　1999『家庭科はおもしろい！——家庭科から総合学習への提案』ドメス出版。

堀内かおる　1995a, 1995b, 1995c「戦後初期小学校家庭科廃止論をめぐる家庭科教育関係者, 文部省, CIE の動向（第 1 報～第 3 報）」『日本家庭科教育学会誌』38(1)。

松本勝信　2001「現行の教科区分と総合的学習に対する新たな「総合的な学習の時間」の意義」日本教科教育学会編『新しい教育課程の創造——教科学習と総合的学習の構造化』教育出版。

第4章 家族・家庭への気づきを促す学習
——〈あたりまえ〉を問い直す

　本章では、家庭科において家族や家庭に関する内容を取り上げる意義について考える。私的な親密圏である家族・家庭を公教育の中で扱う必要性はどのような点に見出されるのか、検討することにしよう。

1　ファミリィ・アイデンティティ

　はじめに、一つの問いを投げかけてみたい。「あなたが「家族」だと考える範囲には、どのような人・モノ・その他が含まれるだろうか」。NHK による世論調査（2010年）の結果から、「夫または妻」「自分の父・母」「兄弟姉妹」「独身の子ども」を「家族」だと思う割合は過半数を上回っているが、例えば「結婚している子ども」を「自分の家族」だと思う人は約4割である。「ペット」を自分の家族だと思う割合は 26％ を占めている（図4-1）。
　かつては自分たちで産み育てて一緒に暮らしてきた「子ども」も、結婚によって独自の「家族」をつくったならば、親たちが筆頭であ

第4章 家族・家庭への気づきを促す学習

(%)

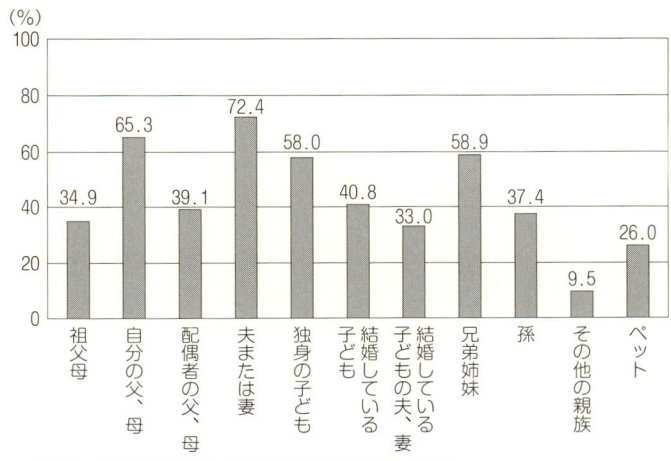

項目	%
祖父母	34.9
自分の父、母	65.3
配偶者の父、母	39.1
夫または妻	72.4
独身の子ども	58.0
結婚している子ども	40.8
結婚している子どもの夫、妻	33.0
兄弟姉妹	58.9
孫	37.4
その他の親族	9.5
ペット	26.0

出所) NHK世論調査部「家族に関する世論調査」(2010)

図4-1　自分の「家族」だと思う範囲

る「家族」の一員ではなくなり、新しい「家族」に属するようになるという考え方が見て取れる。

　上野 (1991) は、個々人が思う「家族」の概念を「ファミリィ・アイデンティティ」と呼び、それは法的な家族概念と必ずしも一致しないことを明らかにした。婚姻関係や同居の有無、血縁関係などとは別に、情緒的なつながりによって結ばれている親密な関係こそ「家族」と呼べるものであり、生活の拠点となる場が「家庭」であると考えることができるだろう。

　また内閣府による調査から、「家庭」は家族の暮らしの場として捉えられており、「家族の団らんの場」であり「家族の絆を強める場」であると捉えられていることがわかる (図4-2)。

　「あるべき住宅像はあるべき家族像に支えられてきた」と篠原ら (2002) は指摘する。近年、「家族でも一人でもない第三の暮らし方」、すなわち「家族を超える実践」の例としてあげられるのが、

出所) 内閣府「国民生活に関する世論調査」(2012)

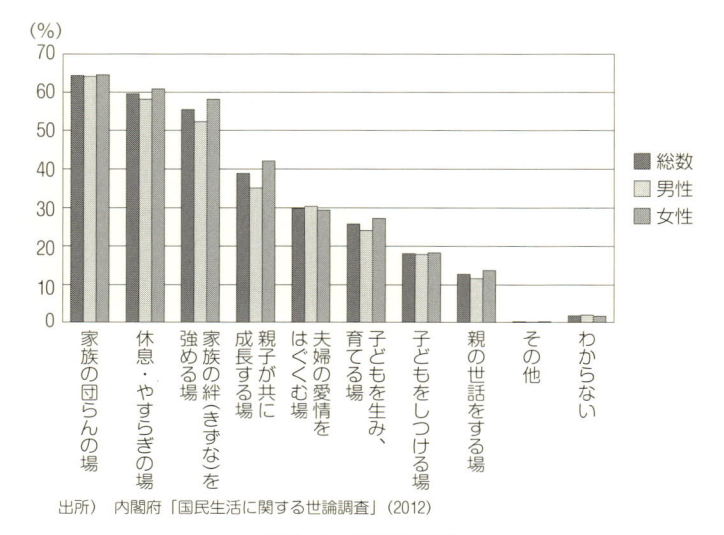

図4-2　家庭の役割

他人との共同生活であるシェアハウジングという居住スタイルである（久保田　2009）。住まいは人々が暮らす「器」であり，誰と，あるいは一人で，どのような暮らしを営むかによって，「器」のあり方も異なってくるであろう。

例えば，「一家団らん」の象徴とされる家族で囲む食卓の風景をたどれば，戦後日本の住宅難を背景として公団住宅を建設する中，狭い敷地面積を合理的に使って編み出されたのが「ダイニングキッチン」であったという（NHK　2001）。しかしそれは，食事の支度をするのは主婦すなわち女性であり，「女性の居場所」としての台所がより快適な場所へと変容するよう試みられた結果でもあった。

人々が家族や家庭にどのようなことを求め，期待し，そこでどのような役割を果たすのか。それは，社会の価値観や時代の特徴を反映し，推移してきた。家庭科教育は，その時代に求められる家族や

家庭に対するニーズや期待を受け止めて、子どもたちにメッセージを伝えてきたのである。

2　何のための「家族」学習なのか

　少子高齢化が進行している現在、将来的な展望を持って家族や家庭のあり方を考えるうえで、教育に対する社会的要請が高まっている。第8章で詳述するが、2008年（小・中学校）および2009年（高等学校）に改訂された学習指導要領において、家族・家庭に関する内容は以前よりも重視され、家庭科の目標の中に、「家庭生活を大切にする心情をはぐくみ、家族の一員として生活をよりよくしようとする実践的な態度を育てる」という文言が明記された。「家庭生活を大切にする心情」それ自体には、異論をはさむ余地はない。しかし、学校教育の中で、「心情」のあり方についての是非を指摘しようとするときには、慎重な注意が必要である。このことは、家庭科教育の歴史から学ぶべき点でもある。

　第2章で述べてきたように、家庭科教育の歴史は「家族」をめぐる社会政策を反映し、「望ましい「家族」」の姿の問い直しを促してきた。ここで明確にしておきたいのは、家庭科教育の目的が「あるべき理想の家族・家庭」を植え付けることではない、という点である。「あるべき理想の家族・家庭」は国家によって決められるものではなく、私たち一人ひとりが、自らの中に描き出すものである。しかし個々人が思い描く「家族」像は、自分自身が生きてきた家族関係に規定されがちで、自分にとっての「あたりまえ」を基準として、物事を判断しがちである。

　図4-3は、家族類型の推移を示したものである。1980年から2005年まで最も多いのが「夫婦と子ども」の世帯であった。しかし、「その他の親族世帯」の減少、「夫婦のみ」および「単独世帯」

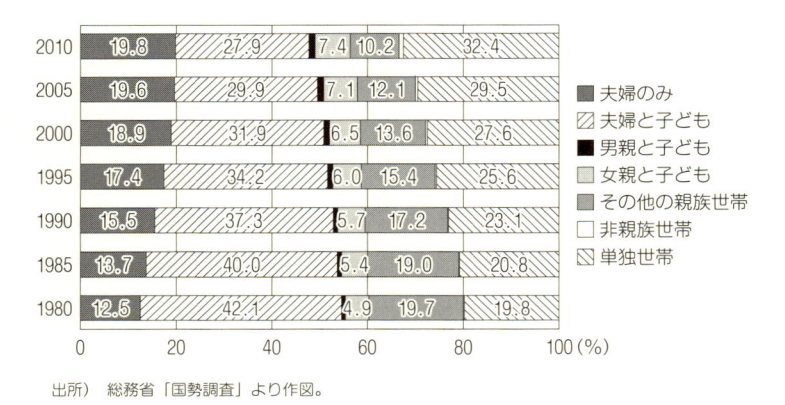

年	夫婦のみ	夫婦と子ども	男親と子ども	女親と子ども	その他の親族世帯・非親族世帯	単独世帯
2010	19.8	27.9	7.4	10.2		32.4
2005	19.6	29.9	7.1	12.1		29.5
2000	18.9	31.9	6.5	13.6		27.6
1995	17.4	34.2	6.0	15.4		25.6
1990	15.5	37.3	5.7	17.2		23.1
1985	13.7	40.0	5.4	19.0		20.8
1980	12.5	42.1	4.9	19.7		19.8

出所) 総務省「国勢調査」より作図。

図 4 - 3　家族類型の推移

の顕著な増加から明らかなように，世帯は小規模化し，特に高齢化に伴う高齢者の単独世帯の増加が著しい。2005 年には，単独世帯が夫婦と子どもの世帯とほぼ同率となり，2010 年には，その比率が逆転し，最多の世帯類型が単独世帯となった。このような社会状況にあって，家族についての学習は，「家族のあるべき姿」ではなく，「自分にとっての家族」を考える学習として位置づけたい。それは，自分自身のこれからの生き方を考える学習でもある。

　家庭科において「家族」を取り上げようとすると，教師たちの躊躇する声が聞こえることがある。まさにこんにちの「多様な家族」を生きる子どもたちが学級の中にいる状況において，「夫婦と子ども」による家族関係に該当しない子どもが「傷つくのではないか」という，教師の「配慮」からの躊躇である。しかし，なぜ教師たちが特定の家族関係の子どもたちについて特別な「配慮」が必要だと考えるのかと言えば，「夫婦と子ども」という関係性に当てはまらない「家族」は「普通ではない」と，無意識のうちに判断しているからではなかろうか。教師の「配慮」は，特定の家族関係に対する

差別的な意識の表れかもしれないのである。

　日本の世帯を概観すれば，マジョリティを占める「夫婦と子ども」という家族形態は，こんにちある家族の一つの形にすぎない。そしてその形態には経年変化が起きており，ついに単独世帯が夫婦と子どもの世帯を上回るようになったことはすでに指摘したとおりである。家庭科の授業において「家族」の例として取り上げられることのある「サザエさんの家族」は，統計上から見ればきわめて例外的なマイノリティに属する。教師自身が，自らの「家族観を問い直し，「あるべき家族像」にとらわれない柔軟な態度で，子どもたちと向き合う必要がある。

　そもそもなぜ，公教育である家庭科教育の中で，親密圏である「家族」を取り上げるのだろうか。それは，「「家族」を相対化する視点」を身につけるためである。つまり，自分にとっての「家族」の形やその関係性が絶対的なスタンダードではない，ということに気づかせることが目的である。

　我が家のあたりまえが他の家の人々にとってのあたりまえではない，と気づくことによって，子どもたちはこんにちの「家族」の多様性を目のあたりにすることになるだろう。絶対的な「家族」の価値を教えるのではなく，むしろ反対に，相対化した「家族」への自由があることを，子どもたちには伝えていきたい。

　このような学びは，「他者との関わりのもとで社会に向けて自分自身を開いていく学び」であり，「「家族」をフィルターとして子どもが自分自身と対峙し，自分にとって大切な他者を見出していく作業」（堀内　2006）につながるものである。なぜなら，次世代の「家族」をつくっていくのは子どもたち自身であり，彼ら・彼女らにとっての選択肢とその選択に伴うリスクや可能性について情報提供することが，教育の役割にほかならないからだ。誰と，あるいは一人で，どのような生活を営んでいくのかという意思決定ができる，将

来の大人を育てていきたい。

　私的な親密圏である「家族」をテーマとする学習において，教師の「配慮」はすべての児童・生徒に対して必要である。個々の子どもたちが抱えている家族的背景を十分に把握したうえで，それぞれの子どもがこれからどのような「家族」を生きていくのかを，自ら問う契機となるような授業を提案していきたいものである。そのためには，子どもたちが自らを重ねて考えることができるような教材が必要である。「家族」を取り上げる学習においては，特に，リアルな「家族」の状況を反映した教材の開発が不可欠である。次に，具体的な教材を考えてみることにしよう。

3　「多様な家族」の描かれ方——教材開発のために

1　絵本の主題としての「家族」

　絵本とは，「絵と文からなる総合芸術」である（井上　1986）。子ども向けの読み物という以上に，絵と短い文からなるメッセージは含蓄に富み，大人の心にも響く。小学校高学年から中学生までの思春期にあたる子どもたちが，好きな絵本を選んで読んだり，また自分の選んだ絵本を友達に読み聞かせたり，互いに読み合ったりする中で，自分自身や自分の家族を投影し考える学びがあるのではないか。絵本は，そういった気づきのフィルターとして，子どもたちの心に届くのではないだろうか。

　中学校技術・家庭科における保育の学習で，絵本はこれまでも取り上げられてきているし，生徒たちが絵本づくりをする実践も多く見られる。だが，絵本の中に込められているメッセージを読み解くことに重点を置いた試みは，家庭科の実践としてはこれまでに見られない。特に，単なる内容の読解ではなく，家族や身近な人との関わりに焦点をあてて絵本の意図を読み取ることをとおして，子ども

表4-1　「家族」を描いた絵本の種類

テーマ	家族になる	家族であるということ	家族が失われる時
分類	恋愛結婚 新たな命の誕生 養子縁組	家族という関係 母と子 父と子 高齢者 家族の役割（の問い直し） 動物との暮らし	離婚 母の不在 父の不在 亡くなったきょうだい 子どもの死

出所）堀内かおる『絵本に描かれた子どもと家族——自分自身・親密な他者とのかかわりを描いた絵本100冊の紹介』基盤研究(C)「自分の成長と家族関係を省察する小中一貫の家庭科授業開発」(2010)

たちの家族観の涵養を目指せるのではないだろうか。以上の観点から，絵本を教材として，家庭科における「家族」学習を展開する可能性について，検討してみることにしよう。

「家族」に焦点を当てた絵本を収集し，テーマによって分類してみると，表4-1のようになった。次に，絵本に描かれた多様な「家族」について，取り上げてみよう。

① 養子縁組による「家族」を描いた絵本

J.L. カーティス作／L. コーネル絵による『ねぇねぇ，もういちどききたいな　わたしがうまれたよるのこと』(1998)は，幼い少女が養父母に対し，自分が養父母のもとに迎えられた日のことを「もう一度話して聞かせてよ」と言い，そのときの様子について確認するように，少女の言葉で繰り返し語られるという内容である。

養子に迎えられた少女の視点で，現在に至るまでの自分の成長と家族関係が語られており，その言葉はゆるぎなく，愛情を持って育てられたという自信に満ちている。読み進むにつれ，この少女が「私を産んでくれたお母さん」と「育ててくれたパパとママ」の存在を理解し，「今の自分」を着実に生きている様子が伝わってくる。原著はアメリカで出版されている。日本の作家による同様の内容の

絵本もないわけではないが、その数は少ない。

② 同性カップルによる「家族」を描いた絵本

アメリカの著名な絵本作家パトリシア・ポラッコ（P. Polacco）の作品である *In Our Mothers' House*（2009）は、同性カップルが養子縁組をして子どもたちと暮らす日常を時系列に描いた絵本である。ポラッコは、すでに40冊を超える自伝的要素の強い絵本を著してきた作家であり、絵本の主題には「家族」が多く取り上げられている。

本書は、ポラッコがかつて暮らしていたカリフォルニアが舞台である。女性の同性カップルが国際養子縁組をして、アフリカ系、アジア系、そしてコーカサス系の3名の養子を迎え、さまざまな民族的背景を持った人々が共生しているカリフォルニアで地域の一員として暮らし、やがて年老いて亡くなる。その思い出の「家（mothers' house）」について、長女を語り部として描いた内容である。

本書におけるレズビアン・マザーたちは、地域の中に溶け込んで暮らしている。その地域は、多民族・多文化のるつぼであり、宗教や文化的ルーツを異にする人々が共生しているコミュニティとして描かれている。その際、同性愛も一つの差異であり、同性愛が本書の突出したテーマにはなっていないところに、著者の「家族」を捉えるまなざしが感じられる（堀内 2011）。

本書の主題は、「次世代に継承されていく「家族」」だと読み解くことが可能である。すなわち、互いへの信頼と愛情を絆としてともにいることの意味を認識し合い、かけがえのない存在として認め合った関係＝「家族」と位置づけられている。そしてその関係性は、母親たちが亡くなり、相互には血のつながりのない子どもたちだけが残されても、精神的なつながりによって次世代へと継承されていく。以上のようなメッセージを、本書から読み取ることができる。

家族の永続性の象徴として描かれているのが,「母さんたちの家」なのである。

③ ひとり親「家族」を描いた絵本

　長谷川集平作・画『大きな大きな船』(2009) は,二人暮らしを始めた父親と息子の会話で綴られていく絵本である。なぜ二人だけの生活になったのかという理由は示されないまま,現在そして過去の家族をめぐる出来事について,淡々と二人の会話が進んでいく。

　二人の会話から,かつては父親は海外勤務で長く家を空けており,母親がいつも泣いていたこと,息子と母親との暮らしには楽しいこともあったということが明らかになる。本書のタイトルである「大きな大きな船」とは,父親の言葉によると「今の時代」の暗喩である。「大きな大きな船（時代）は急には止まれない。向きを変えるにしても,ゆっくりじゃないと船がかたむいて,いきおいで外に放り出される人だってあるかもしれない」という父親の言葉から,家庭生活や男女の価値観が変化してきた「今の時代」の流れに翻弄され流されてきた,「家族」の現在の姿が示唆されるのである。

④ 男女共同参画を考える絵本

　男女共同参画社会を展望した家庭生活のあり方について,家庭科の中で,特に家族の仕事や役割にふれつつ扱う意義は大きい。なぜなら,家庭生活をどのように営んでいくかということを直接授業で取り上げている教科は家庭科だけだからである。

　また,2010年に策定された第3次男女共同参画基本計画において新たに盛り込まれた内容が,「男性や子どもにとっての男女共同参画」である。こんにち,社会における制度や慣行が,性別による固定的な役割分担を反映し,個人としての能力を発揮する機会を妨げることがあってはならないという男女共同参画社会基本法の根底

にある考え方について,子どもたちへの意識啓発が求められている。

K. バンクス作／T. ボガツキ絵の『ママがおうちにかえってくる！』(2004) は,母親が仕事に出かけ,父親が家にいて家事と育児を担っているという家族の1日を描いた絵本である。母親が職場を出る時間になると,父親は家で夕食の支度にとりかかる。二人の息子はテーブルセッティングの手伝いをし,母親の帰りを待っている。激しい雨の中をひたすら家路を急いだ母親がようやく家に着いて,一家で食卓を囲むところで,話は終わりになっている。

本書では,固定的な性別役割分業が母親と父親で逆転しているという点が注目に値する。さらにその点のみならず,一家団らんの食卓が象徴している,家族の結びつきや家族という存在自体への思いにも気づく契機となるような内容となっている。

2　ポピュラー・ソングと「家族」

中学校家庭科教師であった西岡正江 (2006) のポピュラー・ソングを導入教材として用いた実践が,学習者の既存の価値観を揺さぶったことについては,すでに第1章でもふれた。ここではもう少し詳しく,教材として音楽（歌詞）を取り入れることの妥当性について考えてみよう。

中学校時代,西岡の授業を受けていたという大学生は,西岡の授業において,あるシンガー・ソングライターの曲が使用されたことにふれて,次のようにレポートに記述している。

> 『パパとあなたの影ぼうし』を初めて聞いた時,つい自己投影をしてしまった事を覚えている。中学当時,私は父親と喧嘩ばかりしていた。当時の私にとって父親は「なんでも出来る存在」であり,一番身近にいる「天才」であった。それが私にとってはたまらなく苦しかった。そんな背景から自己投影をしたのであろう。現在,父親は「多

才」ではあるが,「天才」だとは思っていない。当時より少し視野が広がり,父親の才能には努力が隠れている事を知ったからかもしれない。

　大学生の回想から,当時中学生であった彼女にとって,授業で聴いた楽曲が自らの家族関係を想起させる手立てとなっていたことがうかがえる。
　どのような楽曲が「家族」について学ぶための教材となりうるかは,十分に吟味しなければならないだろう。その際,「家族」についてどのような気づきを与え,どのような思考・判断を子どもたちに促したいのかという,教師の意図と授業のねらいが明確でなければならない。
　西岡が採用した楽曲は,いずれも作者や歌い手の過剰な感情移入はなされていないけれども,家族の生活の断片を具体的に切り取ったものであったり,家族に対する感謝と償いというアンビバレントな感情を歌ったものであったり,一つの明確な主張——例えば「「家族」の絆」というような——が打ち出されてはいないものであったりする。だからこそ,聴く者がそれぞれに,自分の置かれている家族関係や心情に照らし合わせながら,楽曲を聴くことができたのではなかろうか。教材となりうる楽曲は,聴く者によってさまざまな解釈が可能な歌詞であることが望ましい。
　もうひとつ,親密圏におけるジェンダーについて考える教材として,シンガー・ソングライターの山崎まさよしによる「パンを焼く」を取り上げてみたい。歌詞は,以下のとおりである。

　　　君のためにパンを焼く　顔中真っ白になりながら
　　　イースト菌でふくらます　香ばしい愛を育てよう
　　　好きならしょうがない
　　　君のために米を炊く　冷たい水でとぎましょう

かたさ加減は君次第　ふっくら炊きたてを召し上がれ
好きならしょうがない
一人暮らしの部屋　君を招いて
こころゆくまでもてなそう
ちょっと貧しくても　つつましく始めよう
君のために　君のために
君のためのスパゲティー　オリーブオイルを忘れずに
ホワイトソースで仕上げる　テーブルクロスを敷きましょう
好きならしょうがない
一人暮らしの部屋　君を招いて
こころゆくまでもてなそう
ちょっと貧しくても　つつましく始めよう
君のために　君のために
君のために蕎麦を打つ　君のために豆を炒る
君のために芋を買う　僕のためにパンを焼く

（JASRAC　出 1300244-301）

　男性シンガー・ソングライターが「君」に向けて歌っていることから，この楽曲の主人公は男性であると想定できる。その男性が，「好き」な「君のため」に，愛情表現の象徴として，料理をしているという歌詞だと読み取れる。このような歌詞における主人公の男性と「君」の関係について考えることをとおして，料理をするという「家庭の仕事」に関わるジェンダー・バイアスが浮かび上がってくるだろう。

　小学校第 5 学年児童を対象に実施したジェンダーへの気づきを促す授業において，この「パンを焼く」を聴かせ，主人公の男性と「君」はいったいどのような人物なのか，その立場や性格，年齢，職業などを考えさせた実践がある（堀内・濱崎　2001）。子どもたちは調理をする側とそれを食べる側の立場にある人間関係の中に権力関係が存在していることに気づき，「君のため」に食事の支度をす

る男性は「君」よりも弱者であること，すなわち「君」に経済的に依存している存在であるという考えを持っていた。このことは，家事労働をめぐる役割関係のポリティックスに関わる気づきである。ジェンダーと家族関係という観点から，家族についての思考を深めうる実践である。

3 写真が語る「家族」

　双方向的な学びのプロセスをコーディネートするワークショップの一つの手法であるフォトランゲージは，写真から喚起されるイメージやストーリーについて語り合う中で，新たな気づきを得たり，自分自身を見つめ直したりする契機を与える手立てとなる。世界30カ国の「平均的家族」がその住まいの前に家財道具をすべて持ちだして撮影された家族の集合写真集であるP.メンツェルの『地球家族』(1994)は，まさに「家族を相対化して捉える」のにふさわしい写真集である。

　各国の「平均的家族」としては，家族形態，構成員の人数，収入等において統計上のマジョリティに該当する世帯が選ばれている。

　写真集の撮影が行われてから8年を経た2001年に，NHKはドキュメンタリー番組『地球家族2001』を作成した。番組では，写真集に収録されている家族のその後をたどり，写真家がいくつかの家族のもとを再訪して現在の家族写真を撮り，時間の経過とともに推移した家族の状況を追っていた。

　この番組の中で，写真家は日本の「平均的家族」を撮影して，「日本の平均は世界の平均ではない」と述べた。この言葉はまさに，われわれ日本人に対し，「家族を相対化する」視点の必要性を迫る指摘である。2001年現在，電気が引かれたばかりのブータンの小村に暮らす拡大家族と，日本の東京郊外で通勤のため電車を3回も乗り継ぎ都心へと向かう夫と専業主婦の妻，二人の娘からなる核家

族の物にあふれた暮らしが,同時進行で地球上に展開している。

　こういった事実に気づくとき,子どもたちは自分にとっての「あたりまえ」の生活が,現代社会の「あたりまえ」の日常とは限らないということに思い至るだろう。グローバリゼーションが進展し,地球上の人々の暮らしが相互に結びついているこんにち,子どもたちには,同時代を生きる人々の暮らしに思いをはせる感受性を育んでほしい。『地球家族』という写真集は,当然ながら家庭科の「教材」として制作されたものではない。写真集を「教材」として活かせるかどうかは,教師の授業づくりの視点・授業のねらいがどういうものなのかに依存する。

　答えが一つではない,家族・家庭のあり方や生き方を「考える」授業のためには,教師自身が,柔軟な感受性で教材としての妥当性を見抜かなければならない。その意味で,教材開発には教師自身の「家族」に対するまなざしの鋭さ,問題意識が問われる。教師自身が,自分の中にある「家族」のあたりまえを問い直し,偏見のない視点で現代社会を見つめ直すところから,授業のヒントが見出されるであろう。

　また,「ペットも家族か」という言説に対し,明快な示唆を与える写真集として,伊原美代子『みさおとふくまる』(2011) をあげておきたい (図4-4)。白い猫「ふくまる」と暮らす87歳の「みさお」おばあさん。農作業を日々の習慣としているおばあさんの傍らにはいつも「ふくまる」がいて,一緒に畑に出かける。「ふくまる」はおばあさんの仕事ぶりを見守り,ときにはいたずらを仕掛ける。それでも互いを気遣い合い,信じ合うまなざしが交わされる。どの写真からも,猫とおばあさんの確かな結びつきが感じられると同時に,87歳に至った一人の高齢者の生きざまが鮮やかに描き出されている。撮影した写真家はどうやら孫にあたるようである。孫である写真家の,祖母への温かなまなざしも伝わってくる。

第4章　家族・家庭への気づきを促す学習

図4-4　写真集『みさおとふくまる』

　このような写真集を「教材」とするならば，どのような授業を提案することができるだろうか。「家族」の概念に関わる提起にもなるだろうし，高齢者の生活と生きがいというようなテーマも見出されよう。一つの教材から発展させる授業の形は，さまざまに工夫できる。何のための授業なのか――改めて，家庭科で「家族」を取り上げる学習の意図を問い直してみたい。

4　子どもにとっての「現在の家族」と「未来の家族」

　2008年に改訂された小学校学習指導要領に記された，家庭科の目標は次のとおりである。

　　　衣食住などに関する実践的・体験的な活動を通して，日常生活に必要な基礎的・基本的な知識及び技能を身に付けるとともに，家庭生活を大切にする心情をはぐくみ，家族の一員として生活をよりよくしようとする実践的な態度を育てる。

「家族の一員として生活をよりよくしようとする実践的な態度を育てる」ことが，究極的な小学校家庭科の目標であると読み取れる。つまり，学習指導要領が示唆しているのは，家庭科が情意形成に寄与する教科だということである。

　技能・技術の習得が目的であるように受け取られがちなこの教科の本質は，生活者としての価値判断を伴う意識啓発にある。だからこそ，学習にあたっては，「相対化」した視点で，自らの家庭生活を省察しなければならないのである。

　教師にできることは，子どもたちがこれからの人生において，生活者として生きていく中で求められる多種多様な判断の場に際し，自分なりの根拠に根ざした意思決定を行えるようになるために，必要な知識や技能，ものの考え方を示していくことであろう。

　子どもたちにとっての家庭科の学びは，〈いま・ここ〉に根ざしつつ，未来を指向する学びである。子どもたちが現在の家族・家庭生活を相対化しながら，自分自身の未来に向けて，どのような生き方を目指したいのかを考えていく手立てとなるような家庭科の授業をつくっていきたい。

　少子高齢化や家族の小規模化の進行が止まらない中で，子どもたちが大人になる頃の社会は，こんにちよりも一層，複雑化した生活課題に直面しているかもしれない。家庭科における「家族」学習とは，子どもたちの将来（生涯）を見据えた生活のイメージを豊かに育むものである。教師は，理想の家庭生活やあるべき家族像を示すのではなく，子どもたちが未来の自分自身の「家族」を想定し，そのような「家族」を生きようとしたときに生じうる課題への対応について考える授業を用意していく必要がある。無限に広がっている家庭科の授業づくりの可能性を楽しめる教師であってほしい。

● 引用文献 ●

井上共子編 1986『保育の絵本研究』三晃書房。
伊原美代子 2011『みさおとふくまる』リトルモア。
上野千鶴子 1991「ファミリィ・アイデンティティのゆくえ——新しい家族幻想」上野千鶴子ほか編『シリーズ変貌する家族1 家族の社会史』岩波書店。
NHK 2001『NHKビデオ プロジェクトX 挑戦者たち 妻へ贈ったダイニングキッチン——勝負は一坪・住宅革命の秘密』NHKソフトウェア。
カーティス, J. L. 作／コーネル, L. 絵 1998『ねぇねぇ, もういちどききたいな わたしがうまれたよるのこと』(坂上香訳) 偕成社。
久保田裕之 2009「若者の自立／自律と共同性の創造——シェアハウジング」牟田和恵編『家族を超える社会学——新たな生の基盤を求めて』新曜社。
篠原聡子・大橋寿美子・小泉雅生／ライフスタイル研究会編 2002『変わる家族と変わる住まい——〈自在家族〉のための住まい論』彰国社。
西岡正江 2006「生命のはぐくみをともに学ぶ——自分を見つめるきっかけとなる教材との出会い」堀内かおる編『家庭科再発見——気づきから学びがはじまる』開隆堂。
長谷川集平 2009『大きな大きな船』ポプラ社。
バンクス, K. 作／ボガツキ, T. 絵 2004『ママがおうちにかえってくる！』(木坂涼訳) 講談社。
Polacco, P. 2009 *In Our Mothers' House*, Philomel Books.
堀内かおる・濱崎タマエ 2001「〈ジェンダーの授業〉の生成と変容——子どもの学びと教師の関与をめぐって」『日本教師教育学会年報』10。
堀内かおる 2006「バックラッシュの中の家庭科教育——家族をめぐるポリティクスの過去・現在・未来」金井淑子編『ファミリー・トラブル——近代家族／ジェンダーのゆくえ』明石書店。
堀内かおる 2011「絵本に描かれた同性カップルと子どもたちにみる「家族」像—— Patricia Polacco 作品 *In Our Mothers' House* を例に」『Gender and Sexuality』6。
メンツェル, P. 1994『地球家族——世界30か国のふつうの暮らし』(近藤真理・杉山良男訳) TOTO出版。

第 5 章 〈価値ある体験〉をとおして学ぶ食生活・衣生活
――何のための実践・体験か

　小学校学習指導要領における第5学年および第6学年の家庭科の目標の一つは,「衣食住や家族の生活などに関する実践的・体験的な活動を通して,自分の成長を自覚するとともに,家庭生活への関心を高め,その大切さに気付くようにする」というものである。家庭科における実践的・体験的な活動と言えば,調理実習や被服製作実習を思い浮かべる人が多いだろう。これらの実践的・体験的活動は,第1章で紹介した中学生のイメージマップにあったように,家庭科のイメージそのものとして捉えられている。

　ところで,家庭科における実践的・体験的な活動は,学習指導要領の文章をよく読めばわかるように「学習の手立て」である。つまり家庭科は,調理技術や縫製技術を身につけ,何かモノをつくることができるようになることのみを目標としている教科ではないという点に,注意が必要である。「実践的・体験的な活動を通して」という学習指導要領の言葉から,何のために「実践」や「体験」を取り入れた学習を行うのかが問い直されよう。

　本章では,特に食生活と衣生活に焦点をあてて,家庭科の学習に

「実践的・体験的活動」を取り入れる意義について考えてみよう。

1 「調理実習」という体験

1 「調理実習が好き」という子どもたち

　第1章で紹介したように、子どもたちは家庭科が「好き」である。中学生になると家庭科（技術・家庭科）に対する好感度はやや下がるとはいえ、人気を維持しているのが調理実習である。

　図5-1は、国立教育政策研究所が実施した中学校第3学年の生徒に対する調査において、食生活に関する学習内容についての好き・嫌いを尋ねた結果を示している。「調理実習が好き」と回答した生徒は、「どちらかといえば好き」まで含めると88.4％に及ぶ。この値は、家庭科の学習内容全般について尋ねている同調査の中でも最高値を示し、2位である「幼児と遊んだり、触れ合ったりすること」の74.0％を10％以上、上回っている。

　子どもたちにとっての調理実習の魅力は、何よりもまず、自分たちで調理をして食べるという体験そのものの楽しさに見出されよう。家庭での調理経験が少ない現状にあって、「調理ができるようにな

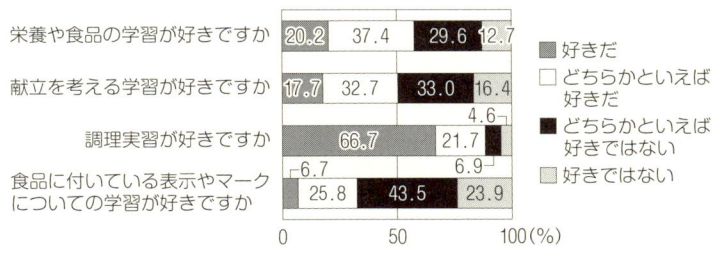

出所）国立教育政策研究所教育課程研究センター『特定の課題に関する調査（技術・家庭）調査結果（中学校）』(2009)

図5-1　食生活に関する学習内容に対する意識（中学校第3学年）

る」ことは、子どもたちに自己有用感をもたらす。河村（2010）は、小学校第5学年の児童が調理実習を経験したことによって、「料理が上手になった気がする」「自分に自信がついた」と語っていることを明らかにしている。子どもたちは調理の過程で、友達の手元を観察し、友達が調理する姿から学んでいることも明らかになった。子どもは（自分と同レベルの）「未成熟な状態の調理技能を見ながら、自分だったら、自分の番がきたら、と自分が調理技能を使う場面をイメージして取捨選択し、自分の身に引き寄せて学んでいる」のだと河村（2010）は指摘する。

「調理実習」という体験は、子どもたちが友達と関わり合いながら、自分の現在のスキルのレベルを理解し、さらに「できるようになる」ためにどうしたらよいのか、友達の姿から学び、実践することのできる体験である。それは、自分の成長を確認し、「できるようになった」ことの喜びと自信を得ることのできる、貴重な機会となる。

ここで、少し考えてみよう。調理実習が子どもたちにとって心に残る体験となるとはいうものの、どのような「調理実習」でもすべて、子どもたちにとって意義深い体験となるのだろうか。

既述のように、調理実習は子どもたちにとって楽しい実践的な活動である。「つくって、食べて、おいしかった」——それだけでも、子どもたちにとっては十分魅力的な活動だったと言えるかもしれない。しかし、どんなに魅力的な活動であったとしても、教育的に意義がある活動となっているかどうかという点に着目してみると、単なる「お楽しみ会」になってしまっているケースはないだろうか。

調理実習が子どもたちにとって「価値ある体験」となるためには、何が必要なのだろうか。ここでいう「価値ある」とは、調理実習という活動をとおして、子どもたちの学びになんらかの意味をもたらしうるということである。次に、その意味について考えてみること

にしよう。

2　調理をとおして何を学ぶのか
① 技能・技術の習得

　河村と小清水 (2006) は，調理という行為について，「学習における技能の習得や経験だけではなく，家庭背景，生育の過程，食に関する経験など数多くの要因が複雑に絡み合うことによって成り立っており，学習者の学習過程を明確にすることが極めて困難」だと指摘する。調理という行為は，まさに文化的活動であり，単に空腹を満たすために食品を食べられるように整えるというものではない。そうだとすると，調理をするという体験をとおして，子どもたちは改めて自分の家庭生活を振り返り，家族の関係や生活時間といった食生活を営むうえで関わってくる事柄にも目を向けることになるだろう。

　調理実習の実施から1年を経て，調理実習について回想する形式のアンケート調査を実施した河村と小清水 (2006) は，「調理実習で覚えていること」の多くが，作って食べたメニューや料理名であったことを指摘している。そのうえで，調理実習を行っておいしい物を食べられたという体験が，そのまま調理に対する意欲につながるわけではないと，河村らは述べる。「おいしかった」という楽しい体験はそのときの心情とともに，記憶に残る。しかし，それが「もう一度家でつくってみよう」という動機づけとなり，さらに「誰かに食べてもらいたい（このおいしさを共有してほしい）」という心情に支えられ，自分一人で家で実践してみようという意欲を喚起するためには，「何らかの工夫が必要」(河村・小清水　2006) なのである。

　「工夫」として考えられるのは，第一に，調理ができるようになったことに伴う自己有用感をふまえた教師の支援が考えられる。

第二に，子どもにとって調理を行う必然性が自認されていることが重要である。つまり，「自分にとって意味あること」として調理という活動が捉えられているか否かが，その後の実践への意欲を左右する。最初は，「おいしそう。つくってみたい」という興味・関心からでも十分な動機づけになるだろう。「やらされているイベント」としてではなく，子どもたちが「主体的に取り組もうとする活動」になるような，調理題材を考えたい。

② 生命認識と食べ物を大切にする心情
　子どもたちが調理実習をとおして学んでいるのは，調理のプロセス自体のみではない。野田（2009）は，中学校の調理実習で用いる食材を分類し，塩以外は「すべていのちがあったもの」であると確認し，「ほかのいのちを食べて自分のいのちにし，次にいのちをつないでいく」という「いのちの連鎖」があること，だから感謝の気持ちを持ち，「食べ残したり捨てたりせずに可能な限りすべてを食べる」ように意識を喚起する指導を行っている。その際，用意した魚の形状による，調理実習における生徒の変化について分析している。具体的には，魚一尾を一人でおろして調理する場合（献立：イワシの蒲焼き丼）と，切り身魚を使って調理する場合（献立：鮭のムニエル）の生徒の生命認識，すなわち食べ物のいのちについての捉え方の相違を調査した。調理にあたり，一尾魚を使う場合には，骨も食べられるということを生徒に伝え，「揚げて食べる」例を示し，これを実習に取り入れた学校もあった。調査の結果から，一尾魚を使って「いのちを食べる認識を促す指導」を行うことによって，生徒の生命認識が喚起され，食べ物を大切にしようとする意識形成につながることが指摘されている。

③ 調理を科学する視点

　調理実習では，ゆでる，焼く，炒める，といった調理方法が用いられる。私たちは，食材に適した加熱の方法を取り入れて調理しているわけであるが，いつも「なぜそうしたらよいのか」という理由まで考えながら，調理をしているわけではないだろう。それは経験的に「そうすればうまくいく」と言われてきたことであって，必ずしも科学的な根拠を理解して行っていたわけではない。

　例えば，「ゆでる」という調理方法を考えてみると，卵，青菜，根菜などによって，ゆで方や所要時間は異なる。同じ食材であっても，切り方や調理の過程によって，ゆでる時間には差異が見られる。小学校の家庭科で取り扱う調理の基礎・基本として登場する「ゆでる」調理は実は奥が深く，根拠が理解できていれば，あらゆる食材をゆでる際に応用が利き，家庭での活用も促されよう。

　2009年に横浜国立大学教育人間科学部附属横浜小学校の種村由紀教諭によって実施された実践「ボイル博士の技を究める――ゆで方大研究」では，①ほうれんそう，②卵，③ジャガイモ（切り方3種類別の比較）と，順を追って実験的調理に取り組み，最後に④究極のホットサラダづくりと称して，3種類の野菜をゆでる調理実習を行った（図5-2，図5-3）。実験的調理を行う中で，食材に応じたゆで方のコツとその背景にある理論について，調理学の専門家である大学教師「ボイル博士」からビデオレターでコメントしてもらうという内容も取り入れ，家庭での経験を裏付ける学習を展開した。本実践の具体的な内容は，文部科学省（2011）の指導事例集に掲載されている。

　子どもたちは，調理実験・実習を行うことにより，なぜそうなるのかという追究すべき課題を見出し，自分で考え，仮説を持ってさらなる実習に取り組んでいた。

　子どもたちは，調理をすることによって初めて，食材が加熱によ

図 5-2　完成予定時刻——めあてをもって取り組む

図 5-3　じゃがいもを丸のままゆでてみる

り変化する様子を実感できる。また，よく考えてみると調理についてわからないことがたくさんあるということに気づき，どうやったらうまくいくのか，それはなぜなのかを考え，自分で工夫しようとする意欲につながっていく。家庭での調理経験が乏しい中で，家庭科の調理実習の時間は，子どもたちにとって，新しいスキルの獲得と大人へと近づいているという自信と自己有用感を実感できる，学びの時間でもある。

2 これからの食生活と家庭科教育の課題

1 食育をめぐる動き

　これまで述べてきたように，調理実習は，子どもたちが食生活に関心を持ち，自らの食生活を振り返る契機になる活動だと言えよう。次に，現在の子どもたちの食生活の背景にある課題について，取り上げることにしたい。

　2005年6月に，食育基本法が制定された。同法は，表5-1に示したように，国民運動として食育の推進を図ろうとするものである。2006年3月に策定された食育推進基本計画が2011年に改訂され，現在は，2015年までに取り組む事柄を明記した第2次の同基本計画に基づく食育の推進が図られている。第2次同基本計画の中で，「生涯にわたって間断なく食育を推進する社会」である「生涯食育社会」の構築を目指すことが謳われているほか，「家庭における共食」がクローズアップされている。

　「孤食」という言葉をめぐる社会的論議は，1982年に放映されたNHKの番組「子どもたちの食卓——なぜ一人で食べるの」に端を発している。同番組は，当時女子栄養大学教授であった足立己幸らによる調査から，「子ども一人だけ，もしくは子どもだけの食事が多い」「食卓の料理の数が著しく少ない子どもが多い」「食事に満足していない子どもが多い」という結果を明らかにした（足立ほか1983）。

　日本生活協同組合連合会（日本生協連）は足立らの調査から10年後の1992年に同様の調査を実施し，子どもたちの食生活は10年前の状況と変わっておらず，特に朝食で孤食が増加していることを明らかにした（日本生活協同組合連合会編　1993）。さらに近年，1998年から2002年にかけて岩村暢子らによって実施された〈食DRIVE〉

表5-1　食育基本法（抜粋）

第一章　総則
（目的）
第一条　この法律は，近年における国民の食生活をめぐる環境の変化に伴い，国民が生涯にわたって健全な心身を培い，豊かな人間性をはぐくむための食育を推進することが緊要な課題となっていることにかんがみ，食育に関し，基本理念を定め，及び国，地方公共団体等の責務を明らかにするとともに，食育に関する施策の基本となる事項を定めることにより，食育に関する施策を総合的かつ計画的に推進し，もって現在及び将来にわたる健康で文化的な国民の生活と豊かで活力ある社会の実現に寄与することを目的とする。
（食に関する感謝の念と理解）
第三条　食育の推進に当たっては，国民の食生活が，自然の恩恵の上に成り立っており，また，食に関わる人々の様々な活動に支えられていることについて，感謝の念や理解が深まるよう配慮されなければならない。
（食育推進運動の展開）
第四条　食育を推進するための活動は，国民，民間団体等の自発的意思を尊重し，地域の特性に配慮し，地域住民その他の社会を構成する多様な主体の参加と協力を得るものとするとともに，その連携を図りつつ，あまねく全国において展開されなければならない。
（子どもの食育における保護者，教育関係者等の役割）
第五条　食育は，父母その他の保護者にあっては，家庭が食育において重要な役割を有していることを認識するとともに，子どもの教育，保育等を行う者にあっては，教育，保育等における食育の重要性を十分自覚し，積極的に子どもの食育の推進に関する活動に取り組むこととなるよう，行われなければならない。
（食に関する体験活動と食育推進活動の実践）
第六条　食育は，広く国民が家庭，学校，保育所，地域その他のあらゆる機会とあらゆる場所を利用して，食料の生産から消費等に至るまでの食に関する様々な体験活動を行うとともに，自ら食育の推進のための活動を実践することにより，食に関する理解を深めることを旨として，行われなければならない。
（伝統的な食文化，環境と調和した生産等への配意及び農山漁村の活性化と食料自給率の向上への貢献）
第七条　食育は，我が国の伝統のある優れた食文化，地域の特性を生かした食生活，環境と調和のとれた食料の生産とその消費等に配意し，我が国の食料の需要及び供給の状況についての国民の理解を深めるとともに，食料の生産者と消費者との交流等を図ることにより，農山漁村の活性化と我が国の食料自給率の向上に資するよう，推進されなければならない。

調査の結果が明らかにされ、孤食はもとより、家族それぞれが「好きなものだけ食べる」食事が家庭に浸透してきていることが示唆された。何をどのくらい食べるのか、その「食べ方」自体に警鐘が鳴らされるようになり（岩村　2003）、こんにちに至っている。こうした食生活は生活習慣病にかかる子どもの増加を招き、食育への取り組みが喫緊の課題として社会的に認識されるようになった。

2　家庭科における食育

　学校教育全体で食育の推進を図るにあたり、学校における食育の年間計画が立案され、2005年より導入された栄養教諭をはじめ、栄養士や家庭科担当の教師らが中心となって学校全体での取り組みが始まっている。

　家庭科は、食に関する学習を系統的に取り上げている唯一の教科である。高学年で始まる家庭科につなげるように、低学年のときから食べ物に対する関心を持たせ、偏食せずバランスよく食べる食習慣の定着をはかりたい。学校給食を教材として取り上げ、給食の献立がよく考えられたものであることに気づかせたり、伝統行事や季節特有の食文化にふれさせることによって、食生活に対する子どもたちの見方が変わってくることを期待したい。

3　「針と糸を使うものづくり」の体験

1　衣生活のスキルに関する子どもたちの実態

　前述した国立教育政策研究所による特定の課題に関する調査では、衣生活関連の学習に対する中学校第3学年の生徒の意識も明らかにされており、図5-4のような結果が得られている。調理実習には及ばないが、約6割の生徒が「ミシンや針を使ってものを作ることが好き」（「好きだ」+「どちらかといえば好きだ」）と回答している。着

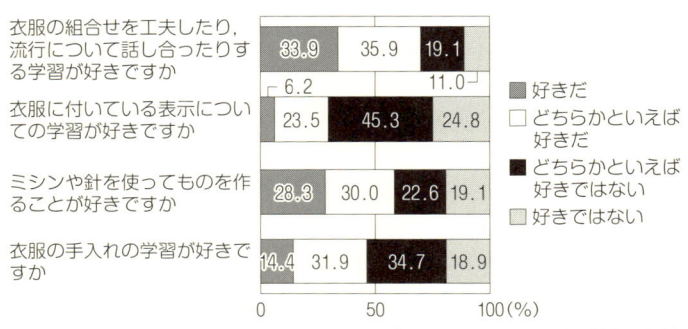

衣服の組合せを工夫したり，流行について話し合ったりする学習が好きですか	33.9	35.9	19.1	
衣服に付いている表示についての学習が好きですか	23.5	45.3	24.8	6.2 / 11.0
ミシンや針を使ってものを作ることが好きですか	28.3	30.0	22.6	19.1
衣服の手入れの学習が好きですか	14.4	31.9	34.7	18.9

■ 好きだ
□ どちらかといえば好きだ
■ どちらかといえば好きではない
□ 好きではない

出所）国立教育政策研究所教育課程研究センター『特定の課題に関する調査（技術・家庭）調査結果（中学校）』(2009)

図5-4　衣生活に関する学習内容に対する意識（中学校第3学年）

装やファッションについての内容には及ばないけれども，実際にものづくりを行う学習に対する生徒の関心はある。

　その一方で，近年の子どもたちの手指の巧緻性が低下しているとの調査結果が報告されている（川端・鳴海　2009）。川端と鳴海の研究では，2007年に小学校第6学年児童を対象に実施した「糸結びテスト」（5分間で10cmに切りそろえた手縫い用の木綿糸をこま結びでつなぎ合わせた結び目の数を測定する）の結果を，1995年に実施した同テストの結果と比較したところ，糸結び数の平均値には男女とも有意な差が認められ，1995年時よりも低い方に分布が移動したという。最大値も男子は27個から18個へ，女子は29個から22個へと減少し，手指の巧緻性の低下が顕著であった。

　こういった実態の背景には，子どもたちの日常的な生活経験として，針と糸を扱う機会が激減しているという状況があるだろう。子どもたちが家庭科の授業で初めて針と糸を使ってものづくりに取り組む様子については，本書の第9章で詳述しているので，参照されたい。子どもたちにとって，5年生になって初めて手にする自分専用の裁縫箱はまるで「魔法の道具箱」であり，ミシンは「驚きのマ

シーン」にほかならない。新しい道具を使いこなすことによって自らの手で何かをつくりだすことができる喜びを，子どもたちには実感してほしい。

2　新しいスキルが子どもの世界を広げる

　針と糸を使うものづくりにおいても，子どもたちの自己有用感は高まっていく。次に取り上げるのは，2010年度に横浜国立大学教育人間科学部附属横浜小学校において，種村由紀教諭によって実施された第5学年の子どもたちのミシン縫いの学習における意識の変容である。男子児童Aは，家庭科の学習に対する意欲はあるのだが，家庭での実践経験が少なく，家庭科で初めて生活に関する技能を学ぶという子どもである。この児童Aがミシン縫いの学習を進める中で，どのように感じていたのかを表5-2にまとめた。児童Aは，「できるようになった自分」を認め，喜んでいる。毎回のように「てきぱき」という言葉で表現される作業への取り組みの様子

表5-2　児童Aの学習の振り返りにおける記述内容

1月14日	ボビンの巻き付けが楽しくて簡単だった。実際にはやく縫ってみたい。
1月22日	なんと一発で縫えました。しかも大成功。結構簡単でした。とっても安全にできた。いつかIさんみたいにてきぱきやりたい。
1月26日	準備が前よりもてきぱき早くできた。完璧に片づけを済ませてからやりたい。
2月9日	大体全部ぬえた。できればコースターも作ろうと思う。ちょっとけっこう違ってぬってしまった。気をつけたい。
2月23日	2個目のコースターも見事に終わりました。大成功。大体すべての作業がこなせたので，てきぱきやりたい。
3月3日	2つ目の作品，コースターが1時間（45分）でできました。てきぱき作業できてよかったです。もうほとんどのコツをつかめました。そろそろボビンをまかないと。

注）　2010年度の実践である。Iさんとは，学習の冒頭で授業にゲスト参加した，学校の近隣で縫製を仕事としているプロの人。

からは,戸惑うことなく自信を持ってミシンを扱う姿が示唆される。

調理技能の習得と同様に,針と糸を用いたものづくり経験によって獲得された技能もまた,子どもたちにとって新たな自分の可能性が広がる経験となる。

3　衣生活文化を学ぶ

2008年改訂の中学校学習指導要領では,技術・家庭科家庭分野において「和服の基本的な着装を扱うこともできること」と明記された。衣生活を伝統文化の視点で捉える学習が,学習指導要領に盛り込まれたのである。

こんにちの私たちの生活を見渡してみると,衣生活の文化もまたグローバル化した大量生産・大量消費の「文化」の中にあることに気づかされよう。消費文化は子どもの世界をも席巻し,子どももファッションを享受する一人の消費者と見なされ,「女子小学生(JS)」をターゲットとした雑誌まで発行されている。こうした消費文化と衣生活に関するテーマは,第6章で詳しく論じることにして,本章では,「和の文化」の観点から,衣生活を見直してみたい。

洋服と和服の大きな違いは,洋服が立体構成であるのに対し,和服は平面構成である点であろう。薩本ら(2012)は,中学生が浴衣の着付けを体験することをとおして,「きもの文化」の一端にふれ,浴衣の帯や生地の感触や,着たときの背筋が伸びるような印象を体感し,普段とは違う気持ちになり,「和の文化」に関心を寄せる契機となることを明らかにした。子どもたちにとっての一般的な日常着である洋服とは大きく異なる浴衣の着装は,子どもたちに自分と衣服との関わりについて実感を伴って見つめさせることにもなろう。

「一枚の布」が体を覆うことで衣服になるというコンセプトは,デザイナー三宅一生の仕事の根底にある理念である(鈴木　2011)。衣服は社会的なものであり,自分自身を演出する手段ともなること

から、体に衣服を合わせるのではなく、体を衣服に合わせるという発想にとらわれがちである。しかしそうではなく、自分が楽でいられる衣服・着ていて心が解放される衣服こそ、衣服の本来あるべき姿であろう。和服の構成についてふれる中で、子どもたちには本来の衣服の意義についても伝えたい。

4 実践的・体験的活動の意義と〈価値ある体験〉

以上、食生活と衣生活に関する実習を伴う学習に焦点をあてて、実践的・体験的な活動が子どもの学びにもたらす意義について考察してきた。それらは次の5点に要約される。

① 具体的な活動が、家庭生活を見つめ直す契機となる。
② 実践をとおして、「できるようになった自分」を実感し、成就感を得ることで取り組みへの意欲が高まる。
③ できるようになった経験によって、誰かの役に立つことができる自分を実感し、他者意識を持って実践する意欲が高まる。
④ 対象となるモノに実際にふれることにより、「いのち」の重みを感じることができる。
⑤ つくることをとおして、対象となるモノがどのように構成されているのかを理解できる。

これは換言するならば、こういった学びの意義が認められるような教材を使用して、家庭科におけるものづくりに取り組ませる必要があるということである。価値ある体験となりうる教材を選択し、授業を組み立てる確かな目が、教師には求められている。

● 引用文献 ●

足立己幸・NHK「おはよう広場」班　1983『なぜひとりで食べるの——食生活が子どもを変える』日本放送出版協会。

岩村暢子　2003『変わる家族　変わる食卓——真実に破壊されるマーケティング常識』勁草書房。

川端博子・鳴海多恵子　2009「小学生の手指の巧緻性に関する研究——遊びと学習面からの一考察」『日本家政学会誌』60(2)。

河村美穂・小清水貴子　2006「調理実習で生徒は何を学んでいるのか——調理実習記録および振り返りから」『埼玉大学紀要教育学部（教育科学）』55(2)。

河村美穂　2010「「調理ができそう」という自信をもつ要因についての研究——小学5年生におけるはじめての調理実習の観察調査から」『日本家庭科教育学会誌』53(3)。

薩本弥生ほか　2012『「きもの」文化の伝承と発信のための授業実践研究最終報告書』文化ファッション研究機構　平成21-23年度服飾文化共同研究『「きもの」文化の伝承と発信のための教育プログラムの開発——「きもの」の着装を含む体験学習と海外への発信』研究グループ。

鈴木里子　2011「一枚の布——三宅の服づくりを象徴するコンセプト「一枚の布」の始まり」『美術手帖』961。

日本生活協同組合連合会編　1993『子どもの孤食——食と環境は今』岩波ブックレット316。

野田知子　2009『実証食農体験という場の力——食意識と生命認識の形成』農山漁村文化協会。

文部科学省　2011『言語活動の充実に関する指導事例集——思考力，判断力，表現力等の育成に向けて【小学校版】』教育出版。

第6章 グローバル化する消費生活の問い直し
——ジーンズから世界が見える

　2008年（小・中学校）および2009年（高等学校）改訂の学習指導要領では，家庭科教育において消費者教育の内容が強調されている。中学校の技術・家庭科家庭分野では「身近な消費生活と環境」という内容について，また高等学校家庭科では現代の消費生活の変化と現状をふまえ，消費者の意思決定に伴う責任と権利について，学習するようになっている。

　日常的な消費行動を省察し，消費生活のあり方を問い直す授業の開発は，家庭科教育が取り組むべき重要な課題の一つである。本章では，ジーンズを題材に，グローバリゼーションが進展するこんにちの消費生活に着目した家庭科授業のあり方について考えてみたい。

1　グローバリゼーションと私たちの生活

　平成20年版国民生活白書では，今後目指すべき社会のあり方として，消費者市民社会という概念が提起された。消費者市民社会とは，「個人が，消費者・生活者としての役割において，社会問題，

多様性,世界情勢,将来世代の状況などを考慮することによって,社会の発展と改善に積極的に参加する社会」と定義される。こんにちの私たちの日常生活は,さまざまな側面からグローバル経済による影響を受けている。消費者市民としての意識を喚起する教育は,今後の家庭科教育の課題としても重要である。

日本は食料自給率が約40%という状況にあり,輸入された多様な種類の農作物が店舗に並んでいる。衣料品等においても,中国をはじめとするアジア諸国を生産国とする商品が大きなシェアを占めている。

2009年度にはジーンズの価格破壊が起こり,800円台を謳った新商品の販売を端緒として,ディスカウントストアがプライベート・ブランド(PB)商品として690円の商品の販売を開始した。こうした商品はCM等のメディアによる宣伝においても価格の「安さ」を消費者にアピールし,消費行動の活性化を図ろうとしている。

ジーンズをめぐるグローバリゼーションの実態について述べる前に,まずジーンズとはどのような商品なのか,そのルーツをたどり,日本人の日常着として定着したこんにちに至るまでの社会背景を見ておこう。

2 ジーンズの歴史──教材開発の視点から

1 ルーツはカリフォルニアの労働着

こんにち,ジーンズは日常着として典型的な衣服の一つであり,特に子どもたちにはなじみのある衣服である。

ジーンズの歴史をたどると,そのルーツは1870年頃のアメリカ・ネヴァダ州で仕立て屋を営んでいたジェイコブ・W・ディヴィスのつくった作業ズボンに端を発すると言われている(出石 1999)。「丈夫な作業ズボン」をつくってほしいという依頼に対し,ディヴ

ィスは,幌馬車の幌やテントにも使用されていた「生成り色の 10 オンスのキャンバス地」を用いてズボンをつくり上げた。このズボンには,ポケットを補強するために鋲(リベット)が打ち付けられていた。この鋲が,後のジーンズのシンボルとなっていくのである。

その後,作業ズボンの注文が相次ぎ,ディヴィスは「9オンスのブルーデニム」の生地でも製作を試みたという。これらの生地は,親族を通じて,サンフランシスコの大手洋品雑貨販売業者であったリーバイ・ストラウス社から仕入れていたものであった。

作業ズボンが評判となるに伴い,「鋲を打ち付けて補強する」というアイデアが盗用されることに対する不安から,ディヴィスは「鋲打ち作業ズボン」の特許を申請することにし,その権利の半分を譲渡するという条件でリーバイ・ストラウス社から助力を得て,1873 年に特許をとることに成功した。

このような経緯を経て,ディヴィスはリーバイ・ストラウス社の社員となり,社内に新設される「鋲打ち作業ズボン部門」の生産監督者に就任した。こうして,後に「ジーンズ」と呼ばれることになるズボンが,商品化された。

その後 1890 年に,リーバイ・ストラウス社の鋲付き衣料に関する特許権の期限が切れ,各社で鋲の打たれたジーンズの開発生産が可能となった。

2 日本にジーンズ文化が浸透するまで

次に,日本へジーンズが浸透していった経緯を見てみよう(日本繊維新聞社 2006)。1950 年頃,東京のアメヤ横丁では占領軍のアメリカ兵が着ている衣服が中古衣料として放出され,若者に人気となっていた。そこに店を構えた「マルセル」をはじめとして,主としてジーンズを中心に取り扱う「ジーンズショップ」の草分けとも言える店舗が誕生していった。

年代		1945〜	1950年代	1960年代	1970年代	1980年代〜
時代背景		中古ジーンズ輸入時代	[1957] 新品の輸入が認可される	[1963] 生地の輸入が認可される コーンミルズ社のデニム生地輸入盛況		
貿易企業系	企業種別 主な企業名					
	栄光商事			[1966] 米グラニッツビル社生地輸入(のちに小売業態へ)		
	大石貿易			[1961] リーバイスの代理店契約(のちに自主ブランドへ)		
縫製アパレル系	エドウィン			[1961] エドウィン製品ブランド開始		
	マルオ被服(後のビッグジョン)		[1958] ジーンズ受託縫製開始(初の国内量産縫製)	[1964] 「ビッグジョン」ブランド確立		
洗い加工業				[1965] 西江デニム(笠岡、井原)デニム加工開始 [1966] 共和、晃立プリーツ(児島)稼働 [1967] 坂本デニム連続染色に成功		
国内デニム素材企業					[1970] 貝原織布(カイハラ)本格的ローラ染色設備稼働 [1973] 倉敷紡績ネ本格生産	[1985] 日清紡がデニム素材製造に本格参入

出所 日本繊維新聞社「ヒストリー 日本のジーンズ」(日本繊維新聞社、2006) をもとに作成。

図 6-1 日本のジーンズ産業における生産供給体制の推移

1957年には，新製品のジーンズの輸入が認可された。1963年には織物素材の輸入も自由化され，デニム地が日本に入ってきたのを機に，日本の縫製メーカーがジーンズの縫製を開始した。特に，繊維産業が盛んであった岡山県や広島県では，ジーンズ産業が新たな展開を見せ始めていた。中でも学生服の街として知られていた岡山県倉敷市児島の衣料品製造メーカーであったマルオ被服が，1960年に国産のデニムを使用して初めてジーンズを完成させた。東京オリンピックが開催された1964年には，同社のブランド「ビッグジョン（BIG JOHN）」が本格的な展開を始めた。以後，多くのメーカーがジーンズ製造に参入し，こんにちに至っている。

3　若者文化の象徴からファッションとしてのジーンズへ

　労働着として定着していったジーンズは，1960年代のアメリカでは，大人社会に対する反体制的な若者を象徴する衣服と見なされた。日本においても，当初はアメリカへの劣等感とあこがれの象徴として，ジーンズは若者文化の中に浸透していった。

　日本古来の藍染や絣の技法がジーンズの生産にヒントを与え，伝統的な地場産業の一つとしても，日本におけるジーンズ産業は根付いてきた。例えば前述の岡山県倉敷市児島では国産ジーンズの拠点の一つとしてジーンズ製造が手掛けられ，1本数万円から数十万円に至る高価なオーダーメードのジーンズやデニム地による着物の生産など，独自の試みが行われている。

　1980年代にはデザイナーズ・ジーンズが隆盛し，ジーンズの「ファッション性」が社会的な支持を得て，モードの分野に進出していった。

　1987年には，アメリカのジーンズ・メーカーであるLeeの日本法人が日本のジーンズ産業草分けのメーカーの一つであるEDWINの傘下に吸収された。EDWINや同じく日本のメーカーであるBIG

JOHN は 1980 年代からアメリカ法人を設立し，かつてあこがれのジーンズ輸出国であったアメリカが，今や日本産ジーンズを輸入しているのである。このようにジーンズのグローバリゼーションは，新たな展開を見せている。

　遠藤（2007）は，「〈ジーンズ〉が一般化するにつれて，それはなんらかのイデオロギーと結びついたスタイルではなくなった」と指摘する。この状況において，ジーンズをめぐるグローバリゼーションとは，「ジーンズ文化」として従来の日本文化の中に浸透し，独自の形で発展していくものであろう。地場産業と結び付いた日本産ジーンズやダメージ加工など独自の風合いを加えることによるデザインの創出などをとおして，生活文化としての新たな価値が生まれている。

3　「安価なジーンズ」の背景

　上述したような，ジーンズに関する新たな生活文化創出の動きがある一方で，近年は安価なジーンズが販売されている。こうした市場の背景には，安価に入手できるジーンズをつくっている開発途上国の労働者が置かれている過酷な実態がある（ハーニー　2008）。中国の都市部にある縫製工場では，10 代の就学年齢にあたる子どもたちが農村から出稼ぎに来て，低賃金の長時間労働をしてジーンズをつくっている。ジーンズに対する世界的な需要によって，企業はより安くより多くの製品を供給できるように，できる限りの低コストで製造可能な国を求めている。私たちが着用している「お得な」商品には，こうした製造者側の戦略がある。

　ジーンズは，日本の中学・高校生にとって，最も身近な日常着の一つだと言っても過言ではないだろう。大量消費社会で暮らす日本の子どもたちが，自らの消費行動を振り返り，その意思決定がグロ

第6章　グローバル化する消費生活の問い直し

ーバルな世界の経済動向とつながっているということに気づくような学習は、こんにち求められている消費者市民としての意識を啓発することになるだろう。

次に、上記のような趣旨に基づく授業実践を紹介し、生徒たちの学びについて考察することにしよう。

4　授業の実際
　　――中学・高校における「ジーンズから世界が見える」の実践から

これまで、筆者はジーンズを教材として、大学における試行的実践によるマスター・プラン作成の後、高等学校3校、中学校4校で授業実践を行ってもらい、その学習効果について検証してきた（堀内　2011a,　2011b,　堀内・土屋　2012）。これらの実践のもとになっているマスター・プランは、次のとおりである。

1　教　材
価格・生産国および種類の異なる4種類のジーンズ
$\begin{pmatrix} 850\text{ 円：バングラデシュ製、}1470\text{ 円：ベトナム製、}3990 \\ \text{円：中国製、}7000\text{ 円：ペルー製のオーガニックコットン }100 \\ \text{％、フェアトレードジーンズ} \end{pmatrix}$
DVD『女工哀歌(エレジー)』（原題：*China Blue*）
$\begin{pmatrix} \text{ミカ・X・ペレド監督・撮影・製作、新日本映画社提供、エ} \\ \text{スパース・サロウ配給、2005 年} \end{pmatrix}$
ジーンズの価格をめぐる新聞記事

2　授業の流れ
① 4種類のジーンズを比較し、価格を予想する。
　　4、5名のグループとなり、各グループで価格の異なる4種

類のジーンズを比較し，それぞれのジーンズの価格の高低を
　　　予想する。
　② 4種類のジーンズの価格を知り，価格の背景を考える。
　　　それぞれのジーンズの価格が発表され，なぜこれらの価格が
　　　異なっているのかを考える。教材として配られた安価なジーン
　　　ズが製造されるようになった経緯と社会背景を記した新聞
　　　記事を読み，安価なジーンズの背景を読み取る。
　③ 低価格の理由を知る。
　　　中国のジーンズ縫製工場のドキュメンタリー映画の劇場紹介
　　　版（約3分のダイジェスト版）を視聴し，低価格を可能にして
　　　いる仕組みに気づく。

　基本的には，教材として価格と生産国の異なる4種類のジーンズ，労働者の実態を描いたドキュメンタリーのDVDを使用するとしたほかは，各学校の状況や教師の授業観・教材観によって，教師自身に授業展開を考えてもらった。その結果，固有の特色を持ついくつかの授業のバリエーションが見出されたと同時に，どの学校においても一定の学習効果が見られた。

　中学校と高等学校で実施してみて，本授業は，中学校よりも高等学校により適していると思われた。その理由として第一に，消費行動が衣生活に向かうには，中学生ではまだ早く，実感がわきにくい点があげられる。高校生になると，アルバイトなどで一定の収入があり，衣服を自分で選んで買う者もいる。第二に，高校生は社会に出る一歩手前の段階であり，自らの意思決定が社会のあり方を変える可能性があるという認識を持つことが重要だという点があげられる。

　中学校で本授業を実践する際には，衣服の選択に関わって，商品をよく比較してみる視点や，表示の見方および表示から読み取れる

表6-1 ジーンズを教材とした授業のバリエーション（高等学校）

学校	学校の特色	独自に盛り込まれた実践内容
A校	公立共学校（普通科）・自由服	ジーンズに合わせた「お気に入りコーディネート」で授業参加。ファッションショーによる導入を行った。最後に，小論文「850円ジーンズについて思うこと」を記述。
B校	公立共学校だが家政系学科はほぼ女子が占める（単位制専門学科）	家政系科目の授業時間数が充実しているので，DVDを90分間通して視聴。その翌週に，850円ジーンズの是非についてディベートした。
C校	私立中高一貫プロテスタント系の女子高	日頃から学校行事としてボランティアやフェアトレードへの着目・実践が行われていることをふまえ，「高校生の自分たちにできること」をポスターで表現し発表した。

知識等についての基礎的な学習を基盤としつつ，消費生活と環境の学習とを関連づけて，フェアトレードの概念へと発展させていく必要があるだろう。高校で実践する際には，グローバリゼーションやフェアトレードといった，社会の仕組みに関わる学習と関連づけ，他教科との関連をふまえて総合的に考え，判断できるように導くことが望ましい。

これまで実施した高等学校における授業のバリエーションを，表6-1に示す。どの実践にも，学校の特色に応じた教師の工夫が見られる。

次に，A校およびB校における実践から，生徒たちがどのようなことに気づき，学んだのか考察することにしよう。A校の実践では自由記述の内容から，生徒たちの考えを分析する。B校の実践からは，グループによるディベートを通して，生徒がどのような気づきを得ていったのか，そのプロセスについて考察する。

3 授業をとおして考えたことを自分の言葉で表現する

　A校は，創立70年を超える伝統校で，「文武両道」を奨励する男女共学普通科の進学校である。卒業後の生徒の進路については，約6割が4年制大学へ，約2割が専門・各種学校へ進学している。家庭科は第2学年で「家庭基礎」2単位を履修する。

　授業の導入において，「ジーンズをはいて全身コーディネートしてきた」生徒たちが，着用ジーンズについて紹介した。A校は，生徒の私服通学が認められている高校である。生徒に対し，手持ちのものの中でも「お気に入り」のジーンズを着てくるようにという教師の事前の指示があった。このような取り組みは，私服登校が認められている学校だからこそ可能である。授業が，生徒たちが自分の日常着であるジーンズについて改めて目を向ける契機となっている。

　授業では，価格と生産国の異なる4種類のジーンズを比較し，価格の相違を知った後に，なぜ価格に相違が生じているのかを生徒に考えさせた。そのあと，DVDの劇場公開用ダイジェスト版（3分間）を視聴させ，生産者の過酷な労働状況について気づかせたうえで，「850円ジーンズについて思うこと」と題する小論文を書かせた。その記述内容には，次のような言葉が見られた。

- 高いには高いだけの理由もあるし，その商品一つに対しての努力の価値が値段として反映しているのだと思いました。
- 安さの裏側には努力だけでなく，人の命もかかわっていると思った。（中略）850円のジーンズからは，安くするという執着しか私には見えてこない。そのすべてが悪いわけじゃないけれど，もっとたくさんの人の幸せを考えることが大切ではないかなと思った。
- 食べ物や服は，その物の便利さや値段だけで選んではいけないと，今日，初めて思いました。安くてよい商品には，安い理由があることを知りました。

第 6 章　グローバル化する消費生活の問い直し

- 店で売られているジーンズが本当に苦労を重ねて作られた製品なんだと，ジーンズに対する価値観が大きく自分の中で変わった。

　以上のような記述から，デザインに伴う作業工程の違いや生産者の労働条件といった価格の違いを生み出している要因に，生徒が改めて目を向けたことがわかる。本授業をとおして生徒は，安価な商品が販売され，それを購入し，安価であるが故に気軽に廃棄する消費者の行動を見直す必要性を認識したと考えられる。

4　他者の言葉に触発され省察を深める

　B校は，明治時代の女学校に起源を持つ伝統校である。1950年に男女共学普通科の新制高等学校となり，近年の高等学校改革によって普通科と家庭に関する学科併設の単位制高校として再出発し，こんにちに至っている。同校は家庭に関する学科が充実しており，「生活科学のスペシャリストを育てる」という理念のもと，教育活動が行われている点に特色がある。

　授業にあたり，他校では『女工哀歌』の劇場用ダイジェスト版のみ視聴させたが，同校では90分のDVD全体を視聴させたうえで，その翌週にグループにおける話し合いを経たのち，「850円ジーンズは必要である」という論題についてディベートをさせた。

　ディベート前の話し合いの中で，3名の生徒によるグループ内での談話の様子を図式化したのが図6-2と図6-3である。メリット，デメリットともに，一人の生徒の発言を受けてほかの生徒が発展的な指摘をし，それを受けてさらに思考が展開していることがわかる。

　このように，ディベート前のグループによる話し合いにおいて，生徒たちが新たな気づきを得ていたことが明らかになった。グローバリゼーションに起因する経済効果とともに，生産国の労働者たちの劣悪な労働環境に対する理解が促された様子が見て取れた。

出所）堀内・土屋（2012）

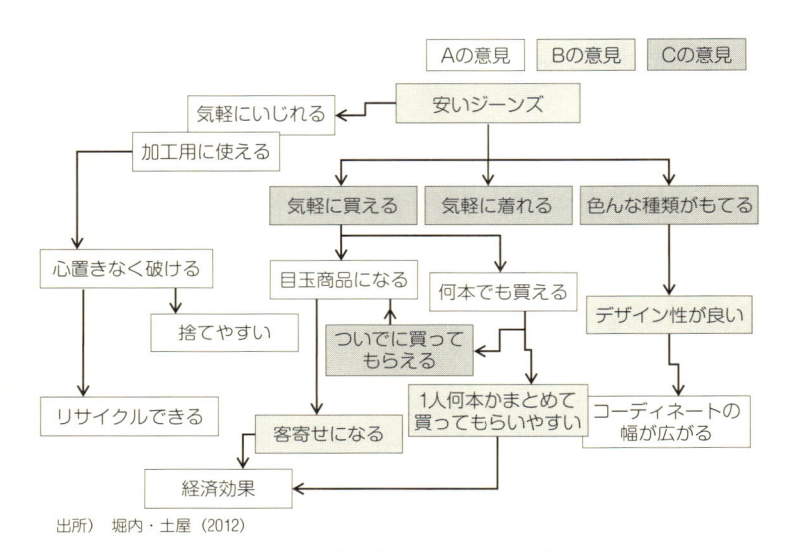

図6-2　850円ジーンズのメリット

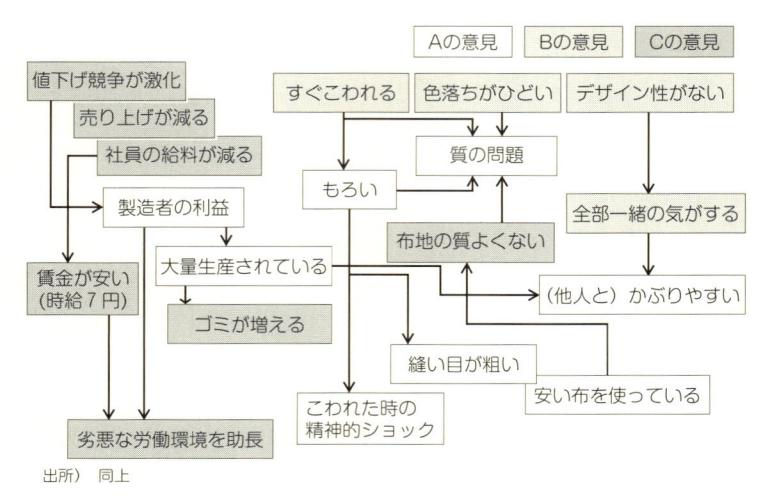

出所）同上

図6-3　850円ジーンズのデメリット

しかし，生徒たちは，ディベートの肯定側立論に際し，安価な商品が入手できるというメリットに終始してしまい，企業にとってのメリットについて主張することはできなかった。ディベートに入るまでの事前学習において，企業にとってのグローバリゼーションのメリットおよびそれに伴う開発途上国への影響と，商品と消費者としての私たちをつなぐラインをより明確にし，総合的な授業展開を図る必要性が示唆された。その際のキーワードは，「フェアトレード」である。

5　授業の観点としてのフェアトレード

フェアトレードは，「より公正な国際貿易の実現を目指す，対話・透明性・敬意の精神に根ざした貿易パートナーシップのこと」と定義され，「フェアトレードの二大目的」は，「疎外された生産者・労働者の権利保障・自立・エンパワメント」および「より公正な国際貿易の実現，ないし国際貿易のルール・慣行の変革」と見なされている（渡辺　2010）。

フェアトレード商品を購入する消費者は，「倫理的消費者」と呼ばれる（大野　2011）。図6-4に示すように，こんにちの世論としてフェアトレード製品の知名度は低いと言わざるを得ない。「少々高くてもフェアトレード製品を購入する」と回答した倫理的消費者に相当する人々は，わずか6％にすぎない。約6割の人々が，「フェアトレードを知らないため，わからない」と回答しているのである。

消費生活の背景にあるグローバリゼーションの実態を知り，何を選択するかを自らの判断で意思決定できるようにするために，商品に関する多様な情報をどのような形で提起していったらよいのか，授業づくりにあたって教師の教材観・授業観が問われることになる。

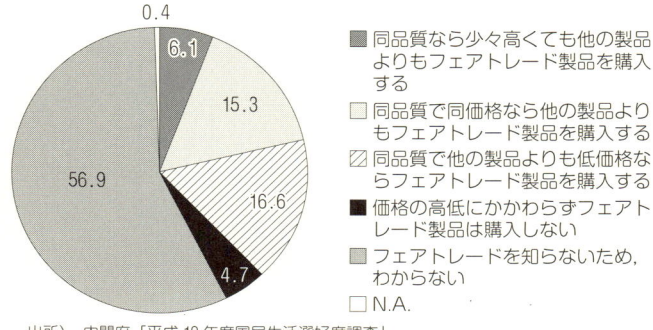

図6-4 フェアトレード製品の購入に対する考え

出所) 内閣府「平成19年度国民生活選好度調査」

まずは教師自身が、生活者として自らの消費行動を見つめ直し、商品の価値とは何かを考えてみる必要があるだろう。

● 引用文献 ●

出石尚三 1999『完本ブルー・ジーンズ』新潮社。
遠藤薫 2007「〈ジーンズ〉の帝国――ファッションのグローバリゼーション」遠藤薫編『グローバリゼーションと文化変容――音楽、ファッション、労働からみる世界』世界思想社。
大野敦 2011「フェアトレード研究の潮流」佐藤寛編『フェアトレードを学ぶ人のために』世界思想社。
日本繊維新聞社 2006『ヒストリー 日本のジーンズ』日本繊維新聞社。
ハーニー, A. 2008『中国貧困絶望工場――「世界の工場」のカラクリ』(漆嶋稔訳) 日経BP社。
堀内かおる 2011a「消費生活のグローバル化を問う教材開発と授業デザイン――ジーンズを例に」『日本家政学会誌』62(3)。
堀内かおる 2011b「消費生活のグローバル化への気づきを促す高等学校家庭科の授業開発――題材「ジーンズから世界が見える」の実践から」『日本教科教育学会誌』34(1)。
堀内かおる・土屋善和 2012「消費生活のグローバル化を問う高等学校家庭

科の授業内談話分析――ジーンズを教材として」『日本家政学会誌』63(10)。
渡辺龍也 2010『フェアトレード学――私たちが創る新経済秩序』新評論。

第7章 男女共同参画時代の家庭生活
——イクメンとワーク・ライフ・バランスの実現へ

　少子化問題が論議されるようになって久しい。男性の家事・育児参加がなかなか進まない状況にあって，積極的に子育てに関わろうと考える男性たちを「イクメン」と称し，支援しようという社会的な動きも出てきた。本章では，ワーク・ライフ・バランスの実現に向けて，家庭科教育が担うべきことは何か，考えてみたい。

1 データから見る男性の育児・家事参加の現状

1　男性の育児参加実態

　1999年に，厚生省（当時）は少子化対策の一環として，キャンペーンを展開した。そのときのポスターには，「育児をしない男を，父とは呼ばない」というキャッチコピーがあしらわれ，耳目を集めた。
　「育児をしない」のは，「したくない」からではなく「したくてもできない」からだという男性たちもいる。男性の長時間労働が当然視される中で，育児を理由に休みをとったり早く帰宅したりということがなかなかできない企業文化も残っている。

第7章　男女共同参画時代の家庭生活

	40%未満	40〜59%	60〜79%	80〜89%	90〜99%	100%
1歳未満		14.0	31.4		45.4	6.3
3歳未満	5.3	17.9	25.5		43.7	5.0
6歳未満	6.6	19.9	27.0		34.3	9.3

出所）国立社会保障・人口問題研究所「第4回全国家庭動向調査」(2008)

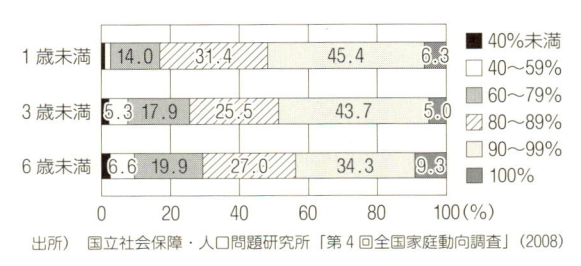

図7-1　末子年齢別にみた妻の育児分担割合（n=972）

　国立社会保障・人口問題研究所が2008年に実施した「第4回全国家庭動向調査」によると，夫妻のあいだでは，末子年齢が小さいほど妻が育児を担う割合が高くなっている（図7-1）。
　また，育児の内容別に見てみると，夫は「遊び相手」や「風呂に入れる」などは比較的高率で担っているものの，週に1〜2回以上保育園の送迎をしている割合は約3割ほどである。

2　男性の家事参加実態

　同調査によれば，家事分担についても同様に，末子年齢が小さいほど夫の遂行割合が高い項目もあるが，夫の家事参加が著しく進んでいるとは言えない状況である（図7-2）。
　また，家族に対する規範意識を見てみると，圧倒的多数で「夫も家事や育児を平等に分担すべきだ」と考えられている。しかし，その一方で，「夫は，会社の仕事を優先すべきだ」とも考えられていることがわかる。
　「夫は外で働き，妻は主婦業に専念」という考えを支持する割合は45%で過半数に及ばないにもかかわらず，「子どもが3歳くらいまでは，母親は育児に専念」すべきと考える割合は85.9%にも及ぶ。こうしてみると，性別役割分業に関する意識の傾向に矛盾がある。理念上は男女共同参画を受容しながらも，育児を母親の役割と

出所) 図7-1に同じ。

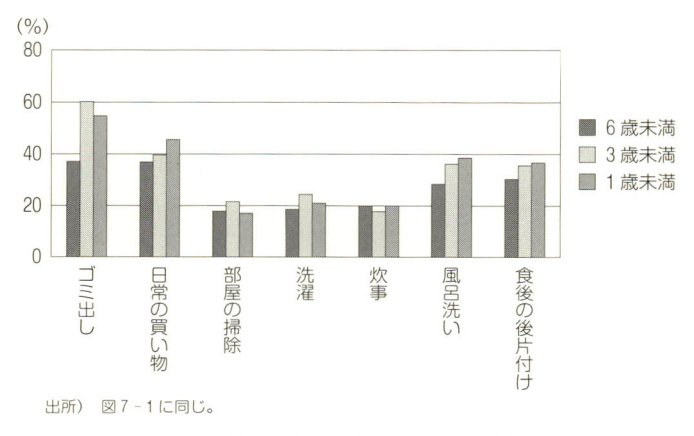

図7-2　末子年齢別にみた夫の家事遂行割合

見なす意識が存在していることがこれらのデータから示唆される。

3　男性の家事・育児参加における課題

　総務省の平成23年度社会生活基本調査によると，男性の家事・育児時間は表7-1に示すとおりである。

　このデータが示しているように，男性が家事や育児に関わる時間は少ないのが現状である。1992年に施行された育児休業法に，1995年には介護休業が含まれることとなり，名称が育児・介護休業法と改められた。2005年には子の看護休暇が制度化されるなどの改正を経て，2009年6月の改正では父親の育児参加を進めるための施策が具体的に盛り込まれた。それは，①父母がともに育児休業を取得する場合，1歳2カ月までの間に，1年間育児休業を取得可能とする，②父親が出産後8週間以内に育児休業を取得した場合，再度，育児休業を取得可能とする，③配偶者が専業主婦（夫）であれば育児休業の取得不可とすることができる制度を廃止する，とい

第7章 男女共同参画時代の家庭生活

表7-1 末子が就学前の核家族世帯における夫妻の家事・育児時間および行動者率（週平均）

		家　　事			介護・看護			育　　児			買い物		
		総平均時間（分）	行動者平均時間（分）	行動者率（%）	総平均時間（分）	行動者平均時間（分）	行動者率（%）	総平均時間（分）	行動者平均時間（分）	行動者率（%）	総平均時間（分）	行動者平均時間（分）	行動者率（%）
夫	夫：有業 妻：有業	15	75	19.6	1	61	0.9	38	118	31.0	15	71	17.5
	夫：有業 妻：無業	9	71	12.3	1	49	1.0	37	117	28.8	18	80	19.0
妻	夫：有業 妻：有業	179	195	91.6	3	83	3.5	144	198	73.2	35	67	50.5
	夫：有業 妻：無業	245	255	95.8	3	87	3.6	234	268	87.0	47	77	60.0

注）総平均時間……該当する種類の行動をしなかった人を含む全員の平均時間
　　行動者平均時間……該当する種類の行動をした人のみについての平均時間
　　行動者率……該当する種類の行動をした人の割合（%）
出所）総務省「平成23年度社会生活基本調査」調査票A　生活時間に関する結果「生活時間編（全国）」より作成。

うものである。

　父親が育児に参加しやすくするための上記の施策のほか，事業主には，3歳未満の子どもを養育する労働者に対する「短時間勤務制度（1日原則6時間）」を措置することが義務づけられ，子どもの看護休暇制度を拡充し，小学校就学前の子が1人であれば年5日，2人以上であれば年10日認められるなど，改正が行われた。

　こうした施策が効果を表すようになるには，事業主，雇用者ともに意識改革が必要である。制度が整えられたとしても，特に男性が同法の利用者となるためには，どのようなことが必要なのだろうか。実際に育児休業を取得した男性の事例から，男性の育児参加を可能にする要因について検討することにしよう。

2　ある男性教師の育児休業取得体験

　次に，一人の男性教師のインタビューにおける語りをもとに，男性が育児休業を取得するということについて考えてみたい。この男性教師：F教諭は，首都圏の公立中学校技術・家庭科技術分野担当の教師である。年齢は30代後半，結婚して8年目に初めての子どもを授かり，1年間の育児休業を取得して育児に関わった経験を持つ。この教師の勤務する自治体で男性教師が育児休業を取得した例は，F教諭で2例目となる。インタビューは，育児休業を終えて復職した2010年の秋に行われた。

1　育児休業を可能にした要因

　F教諭は，自分が育児休業を取得できたことについて，「タイミングがよかった」と述べる。子どもが生まれたのが1月で，新年度スタートの4月当初から3月末まで，ちょうど1年間休業したことになるのだが，このタイミングで休みを取ることは，学校にとって

は「迷惑がかからない」とF教諭は考えたという。「迷惑がかからない」理由として，F教諭は具体的に以下のようなことをあげた。

まず，時期的な問題で，学校のサイクルの初めから終わりまで1年間丸ごと休むということから，中途からの教員交代というような変則的な措置をとる必要がなかったこと。

第2に，F教諭が現在の学校に異動して1年目であったために，校務分掌としてそれほど大きな役割についていなかったこと。

第3に，技術分野担当教員として，一人で全校生徒24クラス940人を担当し，22時間の授業時数で指導していたこと。この授業担当時間数は，一人の教師が受け持つ時間数としてはきわめて多く，授業の空き時間が時間割上4時間しかない，という過密スケジュールであった。そのために，F教諭は学級担任をしていなかった。また，技術分野担当が彼一人であったため，彼が休むことによって同僚の教師にしわ寄せがいくということがなかった。この点も，育児休業の選択を促したと言える。

さらに第4の理由として，校長の理解があったこと。F教諭は9月頃に，校長のもとに出向いて育児休業取得の希望を告げている。そのときの様子について，F教諭は次のように述べる。

> 「育児休業1年取りたいんですけど」って言ったら，「わかった」って，それだけでした。一応こういう事情なのでこういうふうにしたいんですけどって言おうかなって思ってたんだけど，「家庭の事情は家庭の事情だから」，いいって。

校長は，あっけないほど簡単に一言，F教諭に対し「わかった」といい，それ以上の家庭の事情について聞きだそうとはしなかった。しかしF教諭はそのとき校長から，「例のあまりないことなので，人には言うな」と言われたそうである。そのため，F教諭が翌年1

年間の育児休業を取得するという話は学校内でまったく明らかにされることなく,「完全にシークレットの状態で物事が進んで」年度末を迎えた。3月末の校内での人事発表のときに,人事異動者のリストが配布され,その一番下に,F教諭の名前とともに括弧書きで「育休」と書かれており,同僚たちはそれを見て初めて事実を知り,一斉にどよめきが起こったという。

F教諭は,当時の校長の対応について,次のように述べている。

> たぶんどうしていいのかわかんなかったんだと思うんですけどね。普通の女の人だったら「休むよ」って,「[子どもが]できたから休むよ」って言ったらわかるんだろうけど。だからたぶん,扱いに困ったんでしょうね。「いい」って言ったはいいけど,どういうふうにしていくかっていう。

F教諭の家庭の事情を詮索することもなく,一言「わかった」と即答した校長ではあったが,内心は明確な方針を持っていたわけではなかったのかもしれないと,F教諭は推測するのである。当時の校長は,県の校長会長の役職にあった。ある意味,男女共同参画を推進していく責任あるポジションとして,校長たちの模範を示すべき立場であると自認していたのかもしれない。

2 同僚の反応

こうして,無事に育児休業取得に至ったF教諭は,当時の自分の置かれていた状況について,次のように語っている。

> 環境的にはよかったところもあるかもしれない。だから,すべてにおいて,自分は,うまく回ったんだと思うんですよね。まさに「[育児休業を]やれ」っていうことだったのかなっていう。ま,考えてみればですけどね。それを許してもらえる環境にあった。

育児休業を取得することが明らかになったとき，同僚の教師たちの反応はさまざまであったという。

> 女の先生たちはすごいねって言ってくれる人もいるし。まあ男の人たちは，口に出しては言わないけど，どう思ってたかわかんないところもあるし。そういうスタイルっていうのも，これからの共働きの若い人たちのスタイルなのかねえっていうような。定年間際のおじさんたちの話とか，そんな感じでしたね。
> ［若手の先生は］すごいなって思ってたみたいですけどね。ただまあ，中堅どころの人たちからは，もうあいつの出世はなくなったみたいなことを言う人たちも，実際にいなかったわけではない。直接は聞こえてこないですけど，そういうふうに言ってる方々もいらっしゃったようだし，だからまあ50前後の人たちの感覚からいえば，とんでもねえなって思っていたかも。でもおそらくその人たちは，子育て関係なしに部活だとか一生懸命やっててよかったおじさんたちだと思うんで。

学校においても，男性が育児休業を取得するのはきわめて稀なケースである。男性は仕事に専念するという風潮がある中，1年間育児に専念するという男性は，職業上の成功を自ら諦めたと見なされる文化が，まだ働き盛り世代の男性教師たちには根強いことがうかがわれる。その一方で，退職間際になった男性教師たちが「これからの若い人たちのライフスタイル」として受容的なまなざしを向けていることは，注目に値しよう。

3　男性教師が育児休業に踏み切れない理由

ではなぜ，若い男性教師たちが育児休業を取得しようとしないのかと言えば，上記の男性のキャリア形成以外の理由も無視できない。それは，経済的な理由である。

小さな子どもがいる男の教員だと，だいたいの奥さんが専業主婦のうちが多いので。だからまた状況も，その家庭の持つ状況が違うので，大黒柱が働かないと難しいところがあるんだろうなって。彼らが休むってことを想像したときに，それはやはり難しいだろうなっていうのは感じますよね。

F教諭の妻は，フルタイムで企業の研究職として働いており，仕事をずっと続けたいという意志を持つ女性である。F教諭は，妻との生活について，「お互いにできることをやる」だけだと述べる。

　お互いに働いていてそれぞれ仕事を持っている中で，ずっと生活を続けてきているので，お互いできることは，お互い何とかやっていって，なんとか回るように，生活ができるようにしてきた中でのことなので，子どもについても同じだと思っているんですけど。その中でじゃあ，どうこうっていうのでは。

F教諭は，「生活が回っていく」ようにするために，あたりまえのこととして家事や育児に関わっている。彼にしてみれば「ただそれだけ」のことなのかもしれない。

　なんとか，暮らしていかなきゃいけないので。暮らしを成立させるために，回ることを回していくっていう。そう，ただそれだけなのかもしれないです。ただそのときに，たまたま自分が，まあ何もできないわけじゃなくて多少料理もできたりとか，まあ家事がある程度できるっていうところがあるからやっちゃうのかもしれないし。普通の男であれば，できないからやらないという顔してるんですけど，できるから，待ってないで自分が動いて，その，教員の習性かもしれない，動いてしまうのは。

学生時代から家事は自分でできていたというF教諭だからこそ，

日々の生活の中であたりまえのように家事や育児を妻と分担し合い、できるときにできる者が担う形で、実践していると言えるだろう。

一般的な男性教師の場合、性別役割分業の意識にとらわれていたり、生活経験の不足から、家事をどうやってこなしたらよいかわからないという者もいるだろう。その場合に、仕事から離れて家庭に入ることに対し、躊躇と不安を感じるのは想像に難くない。

4 育児休業経験から得たもの

育児休業経験を振り返り、F教諭は次のように語っている。

> 若い人もほんとにやっぱり、1年でも半年でも3カ月でも、子どもに関わってみるのは絶対いいんじゃないかとは思うんですけどね。だから自分も、4月に［学校に］戻ってきて、一番最初に子どもたち［生徒］に言ったのは、子どもっていうのは手がかかる、ミルクをあげたりとか、自分の力では何もできないわけだから、そこに親の力が関わって、育っていくわけだから、君たちもそうやって育ってきたんだよって。自分たちも親への感謝の気持ち、親がこうやって育ててくれた、今ここにいるのはそういうふうだったからだなって思えば、みんなも親に感謝する気持ちを持たなきゃいけないんじゃないかなって。そのようなことをちらっと話したんですけど。
>
> たぶん、日常でも、もしかしたらそういう気持ちになれる人もいるかもしれないけど。やっぱりより深く自分の関わった部分で、そういう話ができたかなっていう気もするんです。だから、中学生と接する中でとか、まあ教師として子どもに接する中では、やっぱり必要な、わかっていることが必要なこと、もしかしたらその人のいろいろな部分で人間の幅を広げたりする、役に立つことなのかなっていう思いはしますけどね。［子どもに］関わらないよりは関わった方が絶対いいのは間違いないと思うので。

育児休業を取得したF教諭は、教師として、親に対する感謝の

気持ちや子どもに対する親の思いなど，生徒たちに伝えるべき言葉を持てたことを実感している。また，F教諭は，後輩たちに対するロールモデルとなりうるとも言える。F教諭自身もそのことを自覚して，次のように述べている。

　　こういうこと［育児休業取得］できるんだっていうのを下の［世代の］人たちに知ってもらえるだけでも，よかったのかもしれないし，やらないよりは誰かがやってみないと。民間企業でそれやったら，［元の職場に］戻ることができない可能性が高い中で，公務員の世界ですから，その，休みを取る，制度を利用できる，っていう，一番いい環境の中に自分がいたんじゃないかなと思いますよね。

　技術分野の担当として授業を行ってきたF教諭は，家庭分野における保育の学習に対しても，関心を抱いている。現在は実現していないけれども，家庭分野の授業の中で，自らの経験を生かして子育てと親の思いを生徒に伝えたいと考えている。家庭科の学習では，生活の中の〈知〉を普遍化して生徒に伝えていく。教師自身の実感を伴った経験に根ざした授業は，生徒にとって，「当事者の思い」を知るまたとない機会である。F教諭のように男性の視点から，育児をとおしてこんにちの社会や学校文化を見直すことによって，潜在するジェンダー・バイアスが浮かび上がってくるであろう。F教諭の生き方そのものが，生徒たちにとってはかけがえのない「教材」となりうる。生徒にとって身近な他者であるF教諭の存在は，学校の中で大いにクローズ・アップされてしかるべきではないだろうか。
　F教諭のみならず，ワーク・ライフ・バランスを模索する男性たちは，育児休業を取得して生活を新たに見直し始めている（ヒューマンルネッサンス研究所編　2008）。育児休業によって得られることは

さまざまであろうが,「仕事と子育ての両立」という課題は, これからは女性のみならず, 男性たちにとっても自分らしい生き方を追求するためのメルクマールとなっていくだろう。

3 男女共同参画基本計画と家庭科

1999年に制定された男女共同参画社会基本法を受けて, 2000年に第1次男女共同参画基本計画が策定され, その後, 2005年に第2次, 2010年に第3次の基本計画が策定されて現在に至っている。第1次の同計画において, 男女共同参画を推進するための具体的施策の一つとして,「男女共同参画を推進し多様な選択を可能にする教育・学習の充実」という内容が盛り込まれた。その中で,「男女平等を推進する教育・学習」の具体的施策として「家庭科教育の充実」という内容が明記された。このとき教科として特に取り上げられたのは, 家庭科のみである。

1989年の学習指導要領改訂によって高等学校家庭科が男女必修となってから10年余りが経過した2000年の時点で, 家庭科教育が男女共同参画に資することが期待され, 2005年策定の第2次基本計画にも同様の文言が明記されていた。

2010年に策定された第3次基本計画では, 家庭科のみを明記することはなくなったものの, 社会科, 道徳, 特別活動と並んで, 家庭科が男女共同参画に関する教育の担い手であることが示された。男女共同参画社会の推進という社会的課題を念頭に置きつつ, 家庭科の授業のあり方を考える必要があり, 家庭科教育の方向性を定める国家基準である学習指導要領においても, 男女共同参画を志向する社会の流れに即して改訂が図られている。こんにちの学習指導要領の概要については第8章で詳しく述べる。

本章冒頭で述べた少子化の動向と相まって, 1998年の中学校学

習指導要領改訂のときから家庭科教育の中で生徒が幼児とふれあう「ふれあい体験活動」の導入が図られた。2008年の学習指導要領改訂において、ふれあい体験活動は必修となり、生徒が幼稚園・保育園に出かけて子どもたちと関わる場を設定したり、反対に学校に幼児と親に来てもらい、生徒が親から話を聴いたり子どもたちと一緒に活動するなどの実践が行われてきた。

鎌野と伊藤（2008）によると、アクション・リサーチの手法で、1年間にわたり幼児とのふれあい体験学習の教育的効果を高める手立てを検討した結果、中学校技術・家庭科の保育学習において、カリキュラムのどこにふれあい体験学習を位置づけるのかがまず重要になると考えられた。また、ふれあい体験学習の事前・事後指導のあり方が問われることが明らかになった。

事前指導においては、①安全性について具体的・実践的に学ぶ、②危険性について各自で考える、③保育施設と安全指導の連携を図る、④幼児にとって楽しい体験にする、⑤中・高校生にとって楽しい体験にする、といったことに注意する必要性が指摘された。

また、事後指導においては、①幼児の捉え方に対する変化を自覚させる、②体験で学んだことを言葉にし、価値づけする、③生徒が新しい自分と出会う支援をする、④教師が個々の生徒を捉え直す、という観点が指摘されている。

（乳）幼児とのふれあい体験は、普段小さな子どもと関わることの少ない中・高校生たちにとって、自分とは異なる他者と出会い、その他者の姿がかつての幼い自分自身も通過してきた成長の一時点の姿であるということを認識できる機会である。生徒にとって、改めて「人の成長」について考え、現在の自分自身を振り返る契機となろう。

しかしこのような意義深いふれあい体験学習も、生徒たちがその目的を理解して、自分なりの課題を持って臨まなければ、「価値あ

る体験」とはなりえない。その意味で，事前指導の時間を充実させるための手立てがきわめて重要になる。次節では，幼児とのふれあい体験学習の一つの事例を紹介し，その学習効果について検討する。

4　幼児とふれあう学び──幼児と保護者を学校に招待しよう

1　授業の概要

　次に紹介するのは，2008年に横浜国立大学教育人間科学部附属横浜中学校の葛川幸恵教諭によって実施された授業実践である。幼児とのふれあい体験学習の一つの形として，幼稚園や保育園に生徒が出向くのではなく，幼児とその親を学校に招待し，生徒との交流の場を設ける方法は，近隣に幼稚園や保育園がなく，ふれあい体験を授業中に設定することが困難な場合の一例となるだろう。

　この実践では，特に言語活動という観点に着目している。乳幼児の母親にインタビューをすることとし，その内容を生徒にあらかじめ考えさせる。そして実際に母親とコミュニケーションをとりながら，子どもの成長の様子や子育て中の思い・悩みなどを聴く。授業の流れは表7-2に示すとおりである。

2　期待される学習効果と授業の成果

　学習をとおして，親子とのふれあいから感じた気づきや感動を自分の言葉で表現するとともに，自分のこれまでの育ちと家族との関係にも目を向けるようになることが目指されている。生徒には，自分自身と家族の姿を相対化して捉え直す視点の獲得と，自分や家族に対する気づきを言語化して伝えあう双方向のコミュニケーションの醸成が期待されている。

　実際に乳幼児とその親を目の当たりにし，最初はぎこちなかった生徒たちも，徐々に笑顔を見せて乳幼児と関われるようになってい

表7-2 授業計画

学習項目	学習内容・手順
幼児の遊びや幼児の発達と家族との関わり	＊自分の幼児期の様子について家族に聞き，身近な幼児を観察してくる（事前の課題）。 ＊VTRを視聴し，幼児の生活や心身の発達について知る。 ＊幼児の遊びの必要性について知り，簡単なおもちゃを作る。 ＊心身の発達について教科書や資料を見て調べまとめる。
幼児の遊びや幼児の発達と家族との関わりについての観察と調査	＊幼児やその家族に幼児に関して知りたいことをインタビューする。 ＊インタビューした内容や観察したことをわかりやすく用紙にまとめる。 ＊幼児とふれあったことやインタビューの感想を発表する。
幼児の遊びや幼児の発達と家族との関わりのまとめ〈発表〉	＊幼児と家族のインタビューをとおしてわかったことを，各班でまとめ，発表する。 ＊幼児と家族にお礼のメッセージを書く。
家族または幼児の生活に対する関心と課題の喚起	＊新聞記事やインターネットなどから，最近の幼児や子どもを取り巻く問題などに関する自分の課題を見つける。 ＊自分の課題解決を目指し，工夫し，考えをまとめる。

った（図7-3）。想定していた質問が発達段階から見て的を射ていなかったことに初めて気づいたり，自分たちの場合とは「遊び」の意味が異なることを改めて理解するなど，頭の中で想定していたのとは異なるリアルな「乳幼児」を知る契機となった。

また，体験的な学習活動では，「体験の質」が問われる。この点は第5章ですでに言及したとおりである。体験したことが生徒にとって意味ある経験となって残っていくような機会をプロデュースする必要がある。この授業においては，「乳幼児と親」をセットとして招いた点に特色がある（図7-4）。自分の幼い子どもに向ける親のまなざしや思いを知るところから，大切に育てられている子どもの存在を改めて実感できる。今回は，すべてのグループで母親が来てくれていたが，母親のみならず父親にも来てもらえるならば，さら

図7-3　幼児を観察する

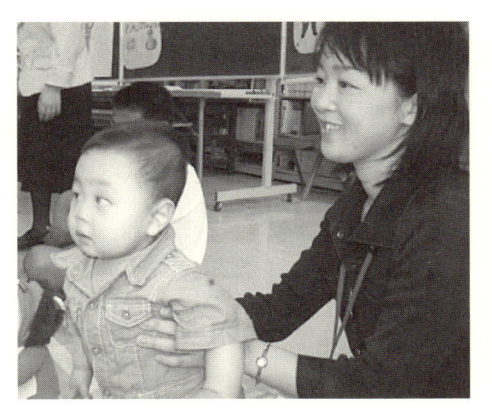

図7-4　幼児とお母さん

に視野が広がり，性別役割分業を超えて協力して子どもを育てるということについて，深く考えることができるようになると思われる。

　こうした〈意味ある他者〉との出会いは，生徒たちが自分を振り返り，これまでの自分自身や家族のあり方を見直す契機となる。他者との関わりをとおして，生徒たちが新たな視野を広げるような学びの場をデザインすることが求められる。

● 引用文献 ●

鎌野育代・伊藤葉子 2008「中学校家庭科における幼児とのふれ合い体験の教育的効果をどのように高めていくのか――アクションリサーチによる検討」『千葉大学教育学部研究紀要』56。

ヒューマンルネッサンス研究所編 2008『男たちのワーク・ライフ・バランス』幻冬舎ルネッサンス。

第8章 家庭科の学習指導要領と指導計画
―― 家庭科の枠組を知る

　「家庭科の授業」をつくるために，学習指導要領の内容と教科書の位置づけを理解しておく必要がある。教材・教具を考案し，それらを駆使して授業を具体化していくプロセスは教師の裁量であり，教師の授業観や教材観が問われることになる。本章では，こんにちの家庭科教育の公的な枠組がどうなっているのかを確認し，「家庭科の授業」をつくることの意味を問い直したい。なお本章では，特に断りのない限り，小学校および高等学校の家庭科と，中学校の技術・家庭科家庭分野について「家庭科」と総称し，特に小学校と中学校の家庭科に焦点をあてて述べる。

1　学習指導要領を読み解く

1　教育の枠組としての学習指導要領

　第2章ですでに述べたように，家庭科は1947年に発行された学習指導要領家庭科編（試案）において，「民主的家庭建設」のための教科としてスタートした。当時の学習指導要領は，「試案」とい

う位置づけであり，「児童と社会の要求に応じて「教師自身が自分で研究して行く手びき」」(金馬 2009) であった。

しかし1958年の改訂以降，学習指導要領は文部省（文部科学省）告示として発行されるようになり，法的拘束力を持つとする解釈がなされるようになった。しかしこんにちでも，あくまでも「大綱的」な「最低基準」であると捉えられている。

全国的な教育のスタンダードとして位置づけられた学習指導要領の変遷をたどると，家庭科教育に関しては望ましい家庭生活や家族のあり方をめぐるイデオロギーの介入によって，履修形態や学習内容の変化を余儀なくされてきた歴史がある。このことは，本書ですでに論じてきた。学習指導要領は，現時点で教科教育に対して求められているものを示していると考えることができるだろう。つまり，本質的・普遍的にその教科に対して求められるものと同時に，時代に応じた可変性を伴う社会的要請が，そこには込められている。

以上のような捉え方で，こんにちの学習指導要領における家庭科教育を捉え直してみると，どのようなことがわかるだろうか。教科の中でも特に家庭科は，その時代を映す鏡となるものである。人々の身近な生活に関わって，何が今，期待されているのだろうか。学習指導要領を読み解いてみることにしよう。

2　2008年・2009年学習指導要領改訂の背景
① 教育基本法改正

2006年に教育基本法が改正された。1947年の施行以来初めての改正は，社会的な論議を呼んだ。「改正」ではなく「改悪」だと見なす論も台頭し，教育の基本的方向性を定める法律の政治性をめぐる世論が巻き起こった。

主な変更点としては，新たに「伝統と文化を尊重し，それらをはぐくんできた我が国と郷土を愛するとともに，他国を尊重し，国際

社会の平和と発展に寄与する態度を養うこと」(第2条5項)や第10条として「家庭教育」,第11条に「幼児期の教育」,第13条に「学校,家庭及び地域住民等の相互の連携協力」に関する条項が盛り込まれた。

また,旧法の第5条に掲げられていた「男女共学」が削除された点に関して,すでに自明のことと見なしてよしとするか,男女共同参画の視点から明記すべきか,論議があった。また,家庭の教育責任を国の教育の根幹となる法律で規定することに対して,国家権力の介入を危惧する論も台頭した。

② PISA調査

経済協力開発機構 (Organisation for Economic Co-operation and Development: OECD) は,国際的な学力到達度調査である PISA (Programme for International Student Assessment) 調査を 2000 年,2003 年,2006 年,2009 年に実施し,その結果を公表している。対象となったのは 15 歳の生徒で,調査のメインテーマとして読解力,数学的知識,科学的知識があり,毎回の調査でいずれかに焦点をあてている。2012 年には,34 の OECD 加盟国を含む 64 カ国が参加して,数学的知識にフォーカスした調査が実施された。

PISA 調査では,知識や技能を活用するプロセスを「学力」と見なして測ろうとしている。近年,この PISA 調査の結果が論点となって日本の生徒の学力が低下しているという声が台頭し,学力論争が繰り広げられた。

③ 中央教育審議会答申

学習指導要領は,小学校および中学校は 2008 年 12 月に,高等学校は 2009 年 3 月に改訂されたものが最新である。このときの改訂に先立って 2008 年 1 月に出された中央教育審議会答申では,21 世

紀を「知識基盤社会」の時代と見なし，グローバル化が進む変化の激しい社会にあって，「自己との対話を重ねつつ，他者や社会，自然や環境と共に生きる，積極的な「開かれた個」であることが求められる」と指摘している。「知識基盤社会」を生き抜くために，巷にあふれている情報から本当に有用で必要な情報を選択し活用できる力の醸成が求められ，PISA型学力として注目された「思考力，判断力，表現力」の涵養が教育の課題と見なされた。

同答申では，家庭科，技術・家庭科の改善の基本方針として，「社会において子どもたちが自立的に生きる基礎を培うことを特に重視する」と述べられている。この点は，改正教育基本法第5条（義務教育）2項に示されている「義務教育の目的」を反映している。義務教育の目的は社会の構成員を輩出することであり，構成員には当然，当該社会で望まれる資質・能力を持ち合わせていることが期待される。こうした教育の政策的側面からこんにちの家庭科教育の位置づけを見るならば，どのようなことが言えるだろうか。

第2章で述べたとおり，戦後の家庭科教育の歴史は，家族・家庭生活に対する社会政策の影響を受けながら推移してきた。時代の価値観によって左右されるのではなく，生活者の側から必要とされる知識・技能の習得に資する教科として，今，家庭科教育をとおして身につけるべきことはどのようなことなのか，改めて問い直したい。

さらに，「自己と家庭，家庭と社会とのつながりを重視し，生涯の見通しを持って，よりよい生活を送るための能力と実践的な態度を育成する視点から」家庭科の目標や内容に改善を図るとされている点に着目したい。「家庭科」は家庭生活の中で完結する教科ではなく，社会とのつながりを持ち，自身の生涯発達を見据えて学習する必要のある教科である。

これまでの章でふれてきたように，家庭科で取り上げられる内容は家庭生活に足場を置いているが，家庭生活の中だけの問題ではな

い。私たちは，衣・食・住といった生活を取り巻く多種多様なモノを消費者として購入・消費して生活している。環境に配慮した生活を送ることは，地球環境問題を足元から考えることであり，グローバルに発展する視野を持つことにもつながる。こうした家庭科教育のダイナミックな広がりを意識して，授業の可能性を考えていきたい。

3　小・中・高等学校学習指導要領における家庭科
① 家庭科の目標

　最新の学習指導要領における小学校および高等学校の「家庭」，中学校の「技術・家庭」家庭分野の目標を表8-1に示す。ここに示された家庭科の目標を見てみると，学校段階に応じて発展的に児童・生徒に育む力が想定されていることがわかる。

　小学校では，身近な衣食住に関する気づきをもとに，日常生活を営むうえでの最も根幹となる基礎・基本に属する知識・技能の習得を目指している。同時に，「家庭生活を大切にする心情」について言及している。教科教育において「心情」を育むということが目標に位置づけられるのは，異例のことである。一定の心情を理想化し，それに向けて誘導するような指導を行うとなると，思想の統制にもつながると危惧されもするだろう。しかし，ここでいう「家庭生活を大切にする心情」とは，あくまでも子ども自身が自分にとっての家庭生活を見つめ，関心・意欲を持てるようになることだと捉えるべきだろう。

　中学校段階では，「生活の自立」という目指すべき到達状況が掲げられ，「これからの生活を展望し」とあるように，生徒が将来自立した家庭生活を営むことを想定した目標となっている。

　高等学校では，2単位の「家庭基礎」，4単位の「家庭総合」に加えて，従前の「生活技術」から科目名を改めた「生活デザイン」

表 8-1　家庭科の目標

小学校	「家庭」	衣食住などに関する実践的・体験的な活動を通して，日常生活に必要な基礎的・基本的な知識及び技能を身に付けるとともに，家庭生活を大切にする心情をはぐくみ，家族の一員として生活をよりよくしようとする実践的な態度を育てる。
中学校	「技術・家庭」家庭分野	衣食住などに関する実践的・体験的な学習活動を通して，生活の自立に必要な基礎的・基本的な知識及び技術を習得するとともに，家庭の機能について理解を深め，これからの生活を展望して，課題をもって生活をよりよくしようとする能力と態度を育てる。
高等学校	「家庭基礎」（2単位）	人の一生と家族・家庭及び福祉，衣食住，消費生活などに関する基礎的・基本的な知識と技術を習得させ，家庭や地域の生活課題を主体的に解決するとともに，生活の充実向上を図る能力と実践的な態度を育てる。
	「家庭総合」（4単位）	人の一生と家族・家庭，子どもや高齢者とのかかわりと福祉，消費生活，衣食住などに関する知識と技術を総合的に習得させ，家庭や地域の生活課題を主体的に解決するとともに，生活の充実向上を図る能力と実践的な態度を育てる。
	「生活デザイン」（4単位）	人の一生と家族・家庭及び福祉，消費生活，衣食住などに関する知識と技術を体験的に習得させ，家庭や地域の生活課題を主体的に解決するとともに，生活の充実向上を図る能力と実践的な態度を育てる。

（4単位）が設定されている。「家庭基礎」と「家庭総合」は単位数の違いから明らかなように，扱う内容の範囲と深度が異なる。「家庭基礎」では「基礎的・基本的な知識と技術を習得させ」るとなっているが，「家庭総合」では「知識と技能を総合的に習得させ」るとなっている。また，「福祉」の扱いについても「家庭総合」では「子どもや高齢者とのかかわりと福祉」というように，「子ども」「高齢者」という，より具体的な対象が掲げられた目標となっている。

② 小・中学校家庭科の内容

学習指導要領に示されている小学校家庭科および中学校技術・家庭科家庭分野の内容を表8-2に示す。

2008年の学習指導要領改訂において、小学校家庭科と中学校技術・家庭科家庭分野の内容の系統性や連続性を重視して、小学校・中学校ともに内容をAからDの4つに統一し、小学校と中学校の内容が対応するようになった。

小学校・中学校ともに、家庭科の学習の「ガイダンス」として、A(1)の「自分の成長と家族」を小学校第5学年および中学校第1学年の最初に履修させることになった。ガイダンスは、小学校においては第4学年までの他教科および学校での学習をふまえ、中学校においては小学校での家庭科の学習をふまえ、これまでの学習をとおして新たな知識や技能・技術を習得し、成長した自分の姿を確認

表8-2 家庭科,家庭分野の内容

	小学校家庭科の内容	中学校技術・家庭科家庭分野の内容
A	家庭生活と家族 (1)自分の成長と家族 (2)家庭生活と仕事 (3)家庭や近隣の人々とのかかわり	家族・家庭と子どもの成長 (1)自分の成長と家族 (2)家庭と家族関係 (3)幼児の生活と家族
B	日常の食事と調理の基礎 (1)食事の役割 (2)栄養を考えた食事 (3)調理の基礎	食生活と自立 (1)中学生の食生活と栄養 (2)日常食の献立と食品の選び方 (3)日常食の調理と地域の食文化
C	快適な衣服と住まい (1)衣服の着用と手入れ (2)快適な住まい方 (3)生活に役立つ物の製作	衣生活・住生活と自立 (1)衣服の選択と手入れ (2)住居の機能と住まい方 (3)衣生活,住生活などの生活の工夫
D	身近な消費生活と環境 (1)物や金銭の使い方と買物 (2)環境に配慮した生活の工夫	身近な消費生活と環境 (1)家庭生活と消費 (2)家庭生活と環境

するとともに，今後の家庭科学習への見通しを持たせることをねらいとしている。

また，中学校では家庭分野の各内容に「生活の課題と実践」が新たに盛り込まれた。これは，各内容をふまえ，生徒の興味・関心に即して課題を設定し，その解決を目指した問題解決的な学習を行うというものである。

③ 学習指導上の留意事項

表8-2はAからDの内容にわかれているが，これは学習の順序を示しているわけではない。家庭科の内容は生活全般にわたり，元来総合的な性格を持っている。したがって，学習を進めるにあたり，各内容項目が分断され独立して取り上げられるのではなく，相互に関連し合って学びが深まるような題材構成が望まれる（「題材」については後述）。

特に，「D 身近な消費生活と環境」に関しては，A，B，Cの各内容との関連を持たせて取り上げると効果的である。本書第6章で紹介したジーンズを教材に消費生活を見直す授業は，衣生活と消費生活の内容を合わせて取り上げ，授業を構成した一例である。衣生活に足場を置きながら，消費生活の問い直しを図る視点を導入することによって，より具体的に，こんにちの消費生活の問題状況と課題が明らかになる。同様の観点から，食生活や家族の内容に足場を置いた授業構成も考えられるだろう。

4 「言語活動」への着目

2008・2009年の学習指導要領改訂では，学習指導にあたり「言語活動」の充実が求められている。家庭科における「言語活動」とは，「製作や調理などにおける体験を通して生活の中の様々な言葉を実感を伴って理解する」ことであり，「観察や実習の際のレポー

ト作成や考察，思考したことを発表したりする」といった活動を指す。文部科学省は，「指導事例集」を刊行し，各教科等で言語活動を取り上げる際に参考になる指導事例を公表した（文部科学省 2011, 2012）。文部科学省がこういった学習に着目した背景には，2000年以降のPISA調査における日本の子どもたちの「学力低下」への危惧が存在していると言えよう。

　山田（2012）は，こうした「言語活動の充実」を指向する文部科学省の動向と紹介されている実践例をレビューし，家庭科における言語活動の方向性として，「生活に関わる「言葉」を実感を伴って獲得できるよう，指導において意識する点」「ものをつくったり，観察したり，実験したりする実習における体験活動が，単なる体験に止まることなく，整理して把握され交流される点」「言語活動の充実の工夫を意識することで，実習の活動が，発見したり，実験的に確かめたりするものとして構成されるようになる点」に意義を見出している。しかし山田は，言語活動が「子どもが生活現実を意識化し，課題を意識するように展開されなければ」，表面的な学習になってしまうと指摘する。

　これまでも家庭科では，子どもたちが調査活動を行ってポスター等で発表をしたり，グループや個人によるプレゼンテーションを行うなど，「言語活動」という言葉は掲げていないものの，多様な方法を用いて表現したり意見を発信するような授業が行われてきた。家庭科が生活に根ざした身近な題材を取り上げる教科だからこそ，自分の言葉で表現することが可能となる。言語活動を取り入れることで家庭科の授業がより活性化し，子どもたち同士の学びの共有が図られることを期待したい。

2 「教材」としての教科書とカリキュラム

1 教科書とは

　教科書とは,「小学校,中学校,高等学校,中等教育学校及びこれらに準ずる学校において,教育課程の構成に応じて組織排列された教科の主たる教材として,教授の用に供せられる児童又は生徒用図書であつて,文部科学大臣の検定を経たもの又は文部科学省が著作の名義を有するもの」(教科書の発行に関する臨時措置法第2条)と位置づけられている。また,学校教育法第34条で,「小学校においては,文部科学大臣の検定を経た教科用図書又は文部科学省が著作の名義を有する教科用図書を使用しなければならない」と定められており,この規定は,中学校,高等学校,中等教育学校,特別支援学校にも準用される。

　ところで,ここで重要なことは,「教えられるべき「知」は誰が決めたものなのか」という点である。学習指導要領に基づき,文部科学省の検定を経ているという意味で,教科書に記載される「知」の正当性は,国家が認定していると言える。その意味で教科書が,政治的・政策的な色合いを持ち合わせていることは否定できない。家庭科という教科は家族関係や家庭生活に焦点をあてているために,その教科書には家族や家庭に関わってどのような「知」が伝えられようとしているのかということが如実に示されることになる。

　酒井 (1995) は,戦後50年間に発行された家庭科教科書に,どのような家族像が描かれてきたかという変遷をたどり,そこに表れた「望ましい家族」像を分析することで,性別役割分業に基づいた家族関係が示されてきたことを明らかにした。家族関係の現状を投影した教科書の記述によって,そこに描かれているような家族関係自体が確認され,再生産されることへとつながる。教科書の中にジ

ェンダー・バイアスが潜在化していないか注意深く読みとる，ジェンダーに敏感な視点が必要である。

　教科書とは，学習指導要領に基づく内容がコンパクトにまとめられ網羅された，すべての子どもたちの手に渡る最もメジャーな「教材」である。したがって，教材である以上，教科書の記述をなぞるように教えればよいというものではなく，教師は教科書を使いこなしつつ，さらに他の教材も取り入れて内容を深める工夫をしながら，個々の児童・生徒の実態に即した授業を行わなければならない。「教科書を教える」のではなく，「教科書で教える」と言われるゆえんは，ここに見出されよう。

　教科書が子どもたちの手に渡るまでには，図8-1に示したようなプロセスがある。教科書において学習内容をどのように配列し，どのような説明をして資料を提示し，頁を構成していくのかというところに，教科書執筆者と出版社の独自性が表れる。というのも，

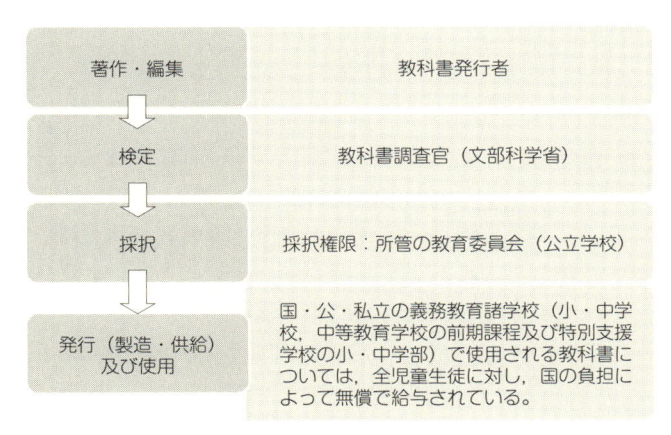

著作・編集	教科書発行者
検定	教科書調査官（文部科学省）
採択	採択権限：所管の教育委員会（公立学校）
発行（製造・供給）及び使用	国・公・私立の義務教育諸学校（小・中学校，中等教育学校の前期課程及び特別支援学校の小・中学部）で使用される教科書については，全児童生徒に対し，国の負担によって無償で給与されている。

注）文部科学省HP「概要2，教科書が使用されるまで」（http://www.mext.go.jp/a_menu/shotou/kyoukasho/gaiyou/04060901/002.htm）をもとに作図。

図8-1　教科書が使用されるまで（義務教育の場合）

学習指導要領が規定しているのは取り上げるべき内容とその扱い方であって,学習指導要領解説においても「どのように教えるのか」ということについては,小学校第5学年の冒頭で「自分の成長と家族」の内容をガイダンスとして位置づけるという点などのいくつかの例外を除き,示していないからである。

したがって教師は,児童・生徒の実態や学校行事等をふまえ,小学校2年間,中学校3年間を見通した家庭科カリキュラムを考える必要がある。その際,教師の授業観・教材観に裏打ちされた家庭科教育に対するまなざしが問われることになる。ある内容を授業として取り上げることで何を子どもたちに伝えたいのか,なぜそのように考えたのかを自問しながら,授業づくりに取り組むのが教師の役目であろう。目標を明確にして,何のための授業なのかを常に問いながら,子どもたちへのメッセージに富んだ授業を展開していきたいものである。

2　学校を基盤としたカリキュラム開発

こんにち,学校を基盤としたカリキュラム開発（School Based Curriculum Development: SBCD）の重要性が指摘されている。SBCDには,教師を中心とした「相互作用的な特質を持つ」という特徴があり,国家カリキュラムと関連性を持たせながら,学校現実に即したカリキュラムを開発することである（鄭　2005）。

家庭科に関してこのSBCDの視点を導入すると,どのような授業づくりが想定されるだろうか。学習指導要領が大綱的なものだということは,すでに本章の冒頭で指摘した。家庭科が対象としている内容は現実の生活そのものであり,日々変化していく私たちの暮らしのありようである。したがって,学習指導要領をふまえながら,各学校・地域や子どもたちの実態に応じたさまざまなカリキュラム開発の可能性が考えられる。生活場面をどのように切り取るかによ

って授業のねらいは異なってくるし，ねらいに即してどのような教材を用いるのかも異なってくる。家庭科の授業づくりには，教師の生活に対する問題意識が顕著に表れる。日常の中で見聞きしているさまざまなトピックスが子どもたちの思考を深めるための問題提起になりうる。教師は日頃から生活の課題に目を向け，アンテナを張りめぐらし，教材のアイデアを発掘するように努めたい。

3　授業デザインとは

　授業デザインとは，教師が，どのような内容を取り上げ，子どもたちにどのような力をつけさせたいのか，そのためにどのような手続きで学習指導を進めていくのか，という見通し全体を考えていくことである。したがって教師の授業観が問われることになる。

　吉崎（2008）は，授業デザインとは，授業に対する思い，授業の発想，授業の構成，授業で用いる教材の開発，日常生活での問題意識によって成り立つものだと述べている。生活に密接に関わる学習である家庭科を指導する立場に立ってみれば，まず教師自身の生活に対する気づきから授業構想が生まれ，具体的な教材がイメージされ，授業の流れにつながっていくと考えられる。

4　授業デザインのプロセス

① デザインからリ・デザインへ

　あるプランを立てて（デザイン）実践したら，授業後に振り返って省察し，新しい授業改善プランを考えて（リ・デザイン），次の授業に臨む，ということの繰り返しで実際の授業は展開していく。このような，らせん状に繰り返され循環していくプロセスが重要であり，教師がその都度どのように関与していくかが問われることになる。

② 授業デザインのポイント

　まず念頭に置いておきたいことは,「生活への気づきから学びが始まる」(堀内編　2006)ということである。生活に対する感受性が鈍ければ,家庭科教師は務まらない。誰もがその人なりの生活を営んでいて,誰でも何かしら生活について語れることがあるはずだが,日々の生活に対する意識が低く関心がない人の場合,子どもたちに伝えるべきことを選び,具体的にわかりやすく語ることはできないだろう。家庭科の教師という存在は,教えることをとおして,生活者としての自分自身のありようが問われる存在である。単に生活に対する知識や技術をそれ自体として取り上げて教えようとしても,子どもたちには実感を伴って伝わらない。教師にとっても自分自身の生活や生き方と重ねられる面がないと,授業が生き生きしたものにはならない。この点が,他教科と家庭科の大きな違いではないだろうか。一人の生活者として教師自身が何を考えているのかということが,授業をとおして見えてくるのが,家庭科だと言えよう。

　あたりまえのように営まれている生活を改めて見直すことによって,それまで気づかなかったことが見えてくる。そのような自己省察をメタ認知という。授業にあたり,子どもたちのメタ認知を促すための手立てが肝心である。

　知識基盤社会と言われるこんにち,家庭科の学習においては特に,批判的思考力,すなわち社会で生じている生活問題を捉える際に,うのみにせず,物事の本質を吟味する視点が必要である。そしてそのためには,判断の基準となる情報や知識が必要であるが,入手した情報や知識がはたして信頼できるものなのかを熟慮し,見きわめることができるようにしたい。

　加えて,考えるだけではなく,なぜそうなのかを実証することも重要である。実験や実習という体験をとおして物事のプロセスを学び,調べ,分析し,自らの考えをまとめていく作業が大切になる。

最終的には,子どもたち自身が,学んだことを生活場面へと活用するところまでつなげていきたい。

以上のような家庭科学習は,「気づきから築きへ」というコンセプトで表すことができる(堀内編 2006)。つまり,家庭科の学習では,「わかった」が終わりではなく,「できるようになる」という行動の変容まで目指さなければ意味がない。それはまさに,「活用型」の学力にほかならないのである。

3 家庭科の指導計画

1 年間授業時数

小学校家庭科および中学校技術・家庭科家庭分野の年間の授業時数を表8-3に示す。

家庭科は,小学校では高学年にしか置かれていないため,授業時間数がきわめて少ない。中学校においても,教科としては技術・家庭科で1教科になっており,家庭分野としては実質的には技術・家庭科として配分されている年間授業時数の半分の時間が相当する。このような限られた時間の中で,生活全般にわたる広範な内容を取

表8-3　年間授業時数

	家庭科の授業時数	総授業時数	総授業時数に占める家庭科の割合(％)
小学校第5学年	60	980	6.1
第6学年	55	980	5.6
中学校第1学年	35	1015	3.4
第2学年	35	1015	3.4
第3学年	17.5	1015	1.7

注)　中学校は,技術・家庭科の授業時数の2分の1を算出し,家庭分野の授業時数とした。

り上げる以上,より包括的・総合的な指導計画を立てるように工夫することが求められる。

2 指導計画の種類と特徴

① 年間指導計画

　家庭科の指導計画を立てるにあたって,小学校においては第5・6学年の2年間,中学校においては第1学年から第3学年までの3年間を見通したカリキュラムを構想することになる。すなわち家庭科の場合,「年間指導計画」は1年間ごとではなく,小学校,中学校それぞれの家庭科学習の総体を見通して考えることになる。さらに,中学校においては,小学校家庭科の学びをふまえて,一貫性のあるカリキュラムへとつなげていく必要がある。

② 題材案

　年間指導計画には,複数の内容を組み合わせてひとまとまりとした「題材」を配列する。題材の指導計画のことを題材案という。題材に盛り込まれる内容は,学習指導要領に記載され,子どもたちに伝えるべき,いわば一つひとつの学習要素である。この学習要素を組み合わせて題材が作成される。

　題材構成は,表8-2のA,B,C,Dの内容をそれぞれ独立させて取り上げるのではなく,領域横断的・総合的な組み合わせを考えてみたい。同時に,他教科や技術分野との関連を持たせ,どの時期に実施するかという点に関しては学校行事を考慮するなど,家庭科で学習したことが発展し活用される生きた知となるように,どのような順序で題材を配列したらよいのかを検討する必要がある。

③ 時案

　題材案には,その題材にかける時間数と各時間における学習の概

要が示される。時案は，題材案の中の一単位時間ごとの指導計画であり，いわゆる「学習指導案」と言われるものである。学習指導案を作成する理由と作成方法については，第10章で述べている。

　学習指導案は，その授業を行う教師が何を目的として，どのような授業をこれから行おうとしているのかということが，一読して理解できる記述となっていなければならない。時系列の流れの中で，教師がどのような働きかけをし，子どもたちがどのような活動をして何に気づき，何を考えるのかという一連の授業のプロセスが読み取れるような，学習指導案の記述を心がけたい。

3　家庭科の授業をつくるために

　これまで述べてきたように，家庭科の授業をつくるにあたっては，まず学習指導要領をふまえつつ，教師自身の家庭科観に基づき年間指導計画を立案し，次に学習指導要領にある内容の中から学習要素を組み合わせ，自ら考案した題材を並べる。そしてその題材の中の1コマが，「本時」となる。

　年間の授業時数が週に1度あるかどうかという限られた時間の中で，子どもたちにとって印象深く中身の濃い授業をどのようにしてつくっていけるのか。教師たちは，試行錯誤を重ねながら，自らの授業改善へと努力を続けている。こういった教師の姿について，次章では取り上げてみたい。

● 引用文献 ●
金馬国晴　2009「現代日本における教育課程の変遷」山﨑準二編『教育課程』学文社。
酒井はるみ　1995『教科書が書いた家族と女性の戦後50年』労働教育センター。
鄭栄根　2005「SBCDによるカリキュラム開発の方法——日・韓学校教育の

状況を踏まえて」山口満編『第二版 現代カリキュラム研究——学校におけるカリキュラム開発の課題と方法』学文社。

堀内かおる編 2006『家庭科再発見——気づきから学びがはじまる』開隆堂。

文部科学省 2011『言語活動の充実に関する指導事例集——思考力，判断力，表現力等の育成に向けて【小学校版】』教育出版。

文部科学省 2012『言語活動の充実に関する指導事例集——思考力，判断力，表現力等の育成に向けて【中学校版】』教育出版。

山田綾 2012「家庭科における「言語活動の充実」に関する研究ノート——「言語活動の充実に関する指導事例集」の可能性と課題を中心に」『愛知教育大学家政教育講座研究紀要』41。

吉崎静夫 2008『事例から学ぶ 活用型学力が育つ授業デザイン』ぎょうせい。

第9章 授業の構想
――授業から何を見取るのか

　大学生になってから,小学校や中学校の授業を参観したことがあるだろうか。そのとき,あなたは授業の中で「何を」観て,どのようなことに気づいただろうか。

　授業という営みは,漫然とそこに居合わせていただけでは,何も見えてこない。「授業を観る」ためには,「視点」が必要である。教師の姿を追うのか,子どもたちの学び合いの様子に着目するのか,教師と子どもたちとの関わりを捉えようとするのか。このほかにも,授業の内容や方法によって,授業を観るための視点は異なってくる。

　本章では,小学校第5学年の授業のプロセスを追いながら,授業を分析的に捉える作業をとおして何を観ることができるのか,考えてみよう。

1　教師の思い・願いと授業の構想

　本章で取り上げるのは,2010年5月から7月にかけて実施された横浜国立大学教育人間科学部附属横浜小学校第5学年の家庭科の

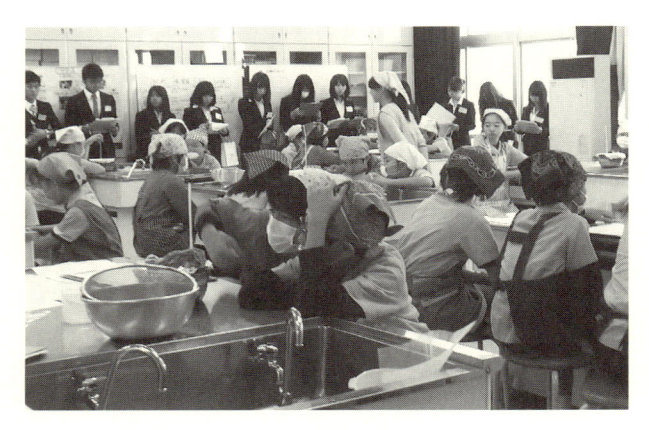

図9-1 調理実験を導入した授業の参観──どこを観て，何に気づけるだろうか

授業である。授業者は，家庭科を教えるようになって4年目の種村由紀教諭である。

　種村教諭は，第5学年になって初めて家庭科と出会う子どもたちに対し，被服製作の基礎・基本となる技能の習得を図るとともに，つくる楽しさを実感でき，レベルアップも図れて，自己満足に終わることなく作品としてのクオリティも保証できるものの製作に取り組ませたいと考えていた。

　以上のような条件を備えた教材として考えられたのが，クラス全員で取り組む「タペストリーづくり」であった。タペストリー，すなわち大きな壁掛けは，一人ひとりの子どもがつくった20センチ四方のフェルトのアップリケを縫い付けた布を横10枚，縦4枚で全員分継ぎ合わせて，一つの大きな作品を完成させるというものである。完成したら，教室正面の壁の黒板上のあたりに，ちょうど掲示できるくらいの大きさを考えた。

　裁縫用具を手にするのは初めてという子どもも少なくない中で，

どの子にも達成感が得られ、技能も習得できて脱落者をつくらないために、種村教諭は、個人の作品製作として完結するものではなく、あえて「学級全体で一つの作品」であるという点にこだわった。「みんなで一つのものをつくる」「その作品の一部を自分が担っている」という思いをクラス全員で共有することによって、学習へのモチベーションを高め、意欲的な取り組みが見られるのではないかと期待したのである。「意欲」とは、「発意し構想し遂行していく意志と力」であり、「学習活動の中で育てられていくもの」だとの松下（2007）の指摘にあるように、学習をする中で子ども自身が新たな気づきを得て、さらに一歩先へ踏み出そうとする行為を伴うものであろう。それならば教師は、授業の中で子どもたちが一歩踏み出せるようになるための、足場となる状況を整える必要がある。

種村教諭による授業の流れは、表9-1のとおりである。

表9-1 授業の流れ（13時間扱い）

題材名：ソーイングにトライ！　みんなが主役、タペストリーづくり

時　数	題材の流れ
①②③	「裁縫セット、オープン！」 ● 裁縫セットに入っている用具の名前や役割を知ろう ● ソーイング名人のDVDを見て、用具についてさらに関心を高めよう ● 家庭科ファイルをつくろう
④⑤⑥⑦	基本的な縫い方をマスターしよう ● 縫い方の種類と特徴を調べよう ● 縫う練習をしよう（玉結び、玉どめ、なみ縫い）
⑧⑨⑩⑪⑫⑬	タペストリーをつくろう ● 練習したことを生かして縫ってみよう ● 友達からのアドバイスをふまえて工夫しよう

2 本題材で発揮し育まれる力とは

　種村教諭は，本題材をとおして子どもたちが習得すると予想される学びの姿について，次のように記している。

> 　「タペストリーをつくろう」と投げかけることで，児童には共通した大きな目標が設定される。全員でつくりあげるには何が必要か，「見通し」や縫い付けるために必要な「技能」についても本題材を通して考えていく。
> 　また，技能の習得に関しては，最初から教え込むのではなく，「まずやってみる」という展開の中で，"失敗から学ぶ"ということも大切にしたい。うまくいかず，「できない自分」と対峙して，自分なりの生きた課題を見出してほしい。実際に体験し挑戦してみて結果としてできたものを，さらによくするにはどう改善していけばよいのか，具体的な方法を考える時間も大切にする。
> 　そして，自分の次の課題を具体的に書けるワークシート（計画表）を用意し，自分の活動を見通したり，製作物を客観的に振り返ったりしながら課題や次の目標を見出す力をつけていく。評価すべき点は具体的に伝えながら，成長が自覚できるような声かけ，さらに高い目標を持てるような声かけを心がけていきたい。
> 　製作の中では相互評価の時間も設け，客観的な目（友達のアドバイス）を取り入れながら更なる課題を考える活動も行っていく。
> 　　　　　　　　（2010年6月29日，研究授業における学習指導案より抜粋）

　授業を構想するにあたり，教師は目の前の子どもたちがどのような状況にあり，これから学ぶにあたってどのような課題が想定されるのかを把握している。そのうえで，どのような手立てを持って授業を構成していくことが子どもたちの学びを最善の方向に向かわせることになるのかを熟慮し，指導計画を立てている。

題材名にも，教師の思いや願いが込められている。「みんなが主役」という言葉から，一人でも作品を完成させることができなければタペストリーが形を成さないことが示唆されている。

3　スタートは基礎・基本の定着

1　授業づくりの構え──誰もが達成感を得られるために
　針と糸を扱うという経験は初めてという子どもたちにとって，裁縫箱は未知の可能性の詰まった道具箱である。中の道具を使って新しく素敵なものがつくれるに違いないと，子どもたちは期待を寄せている。しかし，現実はなかなか厳しく，実際に「針に糸を通す」，「玉結び」や「玉どめ」をする，といった作業が思うようにできずに，いらいらする子どもも見られる。この段階で「できない」というネガティブな自己像から脱却できないと，家庭科嫌いの子どもになってしまう。

　本書の中ですでに述べてきたように，家庭科は生活の技能・技術の習得を第一義とする教科ではない。技能・技術の学習をとおして，生活を見直し創造するところに家庭科の意義がある。しかし，そうはいっても針と糸を用いた「細かな作業」に対し，苦手意識を持つようでは生活を楽しむ感性は育めない。学習の冒頭では，「できない子をつくらない」工夫を考えて，授業展開を図りたい。

2　習得の手立て──楽しみながら繰り返す練習
　「練習のための練習」にならないようにすること，それが子どもたちに目的意識を持たせて学習を展開するために必要である。授業では玉結びの仕方を説明する際，投影機に手元を映してモニターに拡大して見えるようにし（図9-2），子どもたちにわかりやすいようにした。

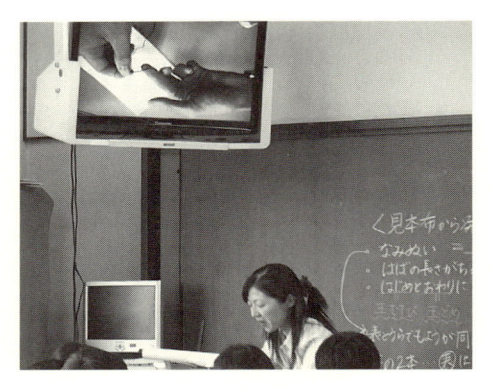

図9-2　モニターに手元を映して説明

　この「タペストリーをつくる」という目的を持つ題材の2時間目の授業で，「玉結び・玉どめ」の習得を図る学習は行われた。本時のねらいは「玉結び・玉どめ」の習得であるから，「玉結び・玉どめの仕方」を確実に身につけるまで練習を繰り返す必要がある。その一つのアイデアとして，種村教諭は「玉結び競争」を授業に取り入れた。これは，制限時間1分間で子どもたちが玉結びをつくって糸切りばさみで切り落とす作業を繰り返し，何個玉結びをつくれたかを競うというもので，ゲーム感覚を取り入れながら玉結びを何度もつくる練習になるという試みである。子どもたちは，1分間でつくる玉結びの数について，1回目の競争のときよりも2回目には多くつくることができるように目標を立てて取り組んだ。10個以上つくれた子どもも数名見られた。このような練習をとおして，子どもたちは玉結びのつくり方を習得することができた。

4　授業を観る視点

　この「玉結び・玉どめの習得」を目指した授業を参観するとき，

どのような視点を持つことができるだろうか。想定できる視点をいくつかあげてみたい。

① 教師の支援・指導上の工夫に着目する

　最も基礎的な技能の習得を目指す時間であり，「できない子をつくらない」という目標を掲げている時間である。子どもたちの経験値にはばらつきがあり，すでに習得できている子どもも1クラスに数人は存在している。しかし大半は，「やったことがない」子どもたちである。教師はどのような手立てを用いて，すべての子どもに向けて説明をし，個別の支援を行っていくのか。教師の言動に着目して，授業の流れを観ていこう。

② 子どもの学びのプロセスに着目する

　それぞれの子どもの習熟度は多様だという前提で，クラス全体を見渡したとき，一人や二人「気になる子」が見つかるに違いない。ここでいう「気になる子」には二つの意味がある。それは第1に，どうにもうまく作業を行うことのできない課題の多い子どもであり，第2には家庭での経験値が高く，教師の説明がなくとも一人で作業ができてしまうような子どもである。前者にとっては，本時の中で「玉結び・玉どめ」が「できるようになる」ことが目標であり，そのための課題が山積している状況である。後者にとっては，今の到達度からさらに先に進めるために，教師はどのような手立てを用意したらよいのか考える必要があるし，「できる子」がどんどん先に進んでいくままにしてよいのか，学習のペースをどう考えるのか，という指導計画上の課題も見えてくる。こうした「気になる子」に着目することをとおして，教師がどのようにこれらの子どもたちに関わり，どのような働きかけをしているのかを見取ろう。

図9-3　集中して取り組む姿

図9-4　見取りと記録

③ 授業場面における子ども同士の関わりに着目する

　例えば、②で指摘したような経験値が高くすでに技能を習得している子どもには、クラスの友達に教える「ミニ先生」という役割が与えられることがある。このような場合に、他者に「教える」という経験が、子どもにとってどのような意味があるのか、子どもたちの関わりの様子を観ながら考察すると、一斉授業では気づかなかった、家庭科に向き合う子どもたちの姿が浮かび上がってくるだろう。

　さてここで、「授業を観る」目的は何か、改めて確認しておきたい。「①教師の支援・指導上の工夫」「②子どもの学びのプロセス」

第9章　授業の構想

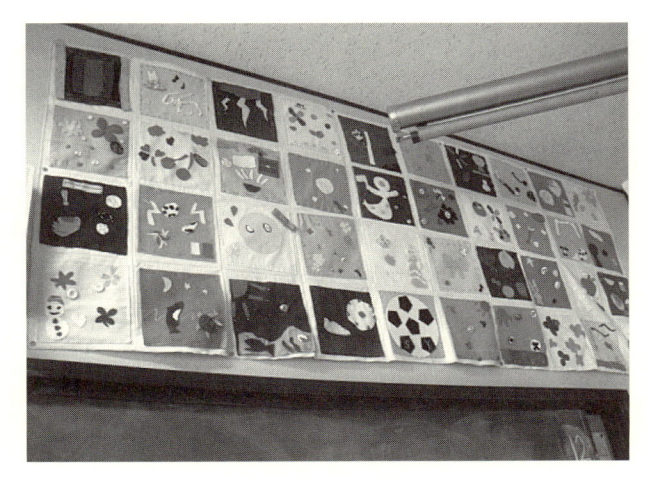

図9-5　完成したタペストリー

「③授業場面における子ども同士の関わり」は、いずれも授業の切り取り方であって、その視点から授業のすべてが「わかる」わけではない。「授業を観る」ということは、授業という営みを分析的に捉えようとすることでもある。授業の「何を」見取り、分析的に捉えようとするのか、授業を参観する目的は何か、改めて問い直しておきたい。

5　授業をシステムとして捉え直す

1　授業の構造

これまで述べたように、「授業を観る」ということは、目的を持ち、目的に応じて分析的に授業を捉える作業にほかならない。

秋田（2007）が指摘するように、授業を「観る」ためには、「1. 誰が主体であり、2. 学ぶ内容としての対象は何であり、結果とし

てどのようなことが生じるのか，3．そこでどのような道具を使用しているのか，4．そこではどのようなルールが働き，5．授業の参加者によって授業の課題がどのように分割分担され，6．その学びはどのような集団（共同体）で担われているのか」という，授業を成立させている要素に着目し，分析する必要が生じる。この文脈に沿って，前述した種村教諭による「タペストリーづくり」の授業を見直してみると，表9-2のように整理されよう。

授業は，あらかじめ設定された目的に従って，想定された子どもたちの学びを促すように時間の流れに沿って計画されたシステムである。しかしこのシステムは，生身の人間である子どもたちを対象としている以上，機械のようにいつでも均一に，計画どおりに進むわけがない。個々の人格を持つ多様な子どもたちを前にして，二度と同じ授業が繰り返されることはない。子どもたちと教師が一定の目標・内容のもとに授業という時空間をどのように醸成していけるのか，そのための媒介物となる教材の妥当性が問われる。

ところで，ここで「教材」の概念を明確にしておきたい。「教材」とは，「「教育内容」を習得させるために必要な材料」である。「概念，法則，事実的知識，技能」を含む「教育内容」と「教材」とは

表9-2 「タペストリーづくり」授業の構造

授業の構成要素	「タペストリーづくり」における構造
1．主体	児童
2．学ぶ内容	手縫いの基礎・基本から作品づくり
3．用いられる道具	裁縫道具，フェルト，ボタンなどの飾り
4．働いているルール	決まった授業時間内，休み時間での作業（家庭への持ち帰りはなし）
5．課題の分割分担	個人の技能に応じて製作したパーツをつなげて大きな作品に仕上げる
6．共同体	学級の児童全員と家庭科担当教師，学級担任

区別して捉えられなければならない（山崎　2007）。例えば，「袋」「エプロン」「ミシン」などは「教材」であって，「教育内容」ではない。つまり，袋のつくり方を教える，ミシンの扱い方を教えることが家庭科の授業の目的ではないのである。袋やエプロン，ミシンを用いて，子どもたちに伝えたい・習得させたい知識や技能があり，その知識や技能が「教育内容」となる。教育内容を指導するにあたって目標が掲げられ，習得されたかどうかが，目標に準拠して評価されるということになる。

　また，「授業で用いられる「道具」」（山崎　2007）を総称する用語として「教具」という言葉があるが，教具には授業にあたって教科を問わず用いられる道具と，特定の教科や内容に関連して用いられる道具がある。種村教諭の授業では，前者には教室備えつけの実物提示機とモニター，黒板，机，いすなどが該当し，後者には裁縫用具，布，フェルト，はさみなどがあげられる。

　山崎（2007）は，教材や教具の価値は「学習者が教育内容を習得するのを有効に援助しえたか否かによって決まる」と指摘する。本節で，授業をシステムと見なすと提起した。すなわち，授業の目標に応じて評価の観点が定まり，授業の展開が想定される。そのうえで，授業の中でどのような教材・教具を用いて，どのように子どもたちに働きかけるかということが具体化され，限られた授業時間内でのストーリーが定まる。このように，教師の思い・願いと子どもたちの実態を背景として，習得させたい「学力」をイメージしながら時系列に緻密に構成されたものが，授業にほかならない。

　授業を構成するにあたり，教師には見通し力が求められる。これは，学習を経て子どもたちがどのような育ちを見せるかを想定し，段取りを考える力である。授業中の臨機応変な対応は不可欠であるが，授業デザインの段階では，思いつきやその場しのぎの道具を用いていたのでは，学習効果は期待できない。教材や教具についても，

授業の展開とともに具体的に考えなければならない。

2　談話分析から見えてくること

それでは、実際の授業場面において、子どもたちと教師がどのような談話を重ね、授業が展開していくのかを分析的に捉えてみることにしよう。先述の種村教諭による「タペストリーづくり」の4時間目、玉結び・玉どめとなみ縫いの習得を目標とした授業における導入部分14分間の談話を表9-3に示す。

ここで教師は、教材として縫い方見本を各班に1枚ずつ用意している。そこには、玉結び、玉どめ、なみ縫い、本返し縫い、半返し縫いが例示してあり、本時の授業で取り上げる玉結び、玉どめ、なみ縫いのところには、丸印がつけてある。

まず教師は、グループになって縫い方見本をよく観察し、どのように縫われているのか、気づいたことを発表するように促した。子どもたちは班の中で布の表裏を返しながら注意深く観察し、口々に気づいたことを話しており、中には教科書を出して、教科書に図示されている縫い方と照らし合わせて、縫い方の名称を言い合ったりしている子どもたちもいた。

教師は、14分間の談話の中で3回、本時の目標を子どもたちに投げかけている（波線部）。まず縫い方を観察させる際に、これから学ぶ縫い方が示されていることを指摘し、子どもたちの発言が続いて縫い方の特徴や違いが明らかになってきた段階で、「さあ今日はこれ、挑戦してみるよ」と念を押している。最後に、「これは絶対マスターしたい」と言って、本時のテーマ「基本の縫い方をマスターしよう」を板書した。この一連の働きかけから、折にふれて、子どもたちに今日の課題を意識させようとしている教師の意図がうかがわれる。

授業の冒頭で、本時の目標を明確に子どもたちに伝えるというこ

第9章 授業の構想

表9-3 基本的な縫い方に関する導入の授業談話

教師	今日は、みなさんに、白い布、練習できる布を準備してきたの。最初に、先生ね、いくつか見本で、いくつか縫い方があるんだけど、これをちょっと用意してきたんです。一人1枚ではないんだけど、今からグループで、いつもの4人で、どんなことここでやっているか、これ見てどんなことがここで行われているか、みんなで見てほしいなと。グループになったら、班の代表の人取りに来て。
児童	4人班に座席を合わせる。代表者が布見本を取りに行き、皆で縫い方を見る。
教師	班ごとに布をよく見てもらいました。今日は、たくさんある中で、この赤い点、ってなっているところあるでしょう？ これと、丸印のついているところ、ここを今日は挑戦してみようかなと。みなさんの布を見ていて、気づいたこと、何か共通していること、発見したことありますか？ こういうことが布の中で起こってるよ、違いでもいいし、似ていることでもいいし。
児童1	幅が大きいところと小さいところがある。
教師	幅が違う、長さが違う。（板書）
児童2	糸の始めと終わりのところに、玉結びがついている。
教師	始めと終わり、玉結び？
児童複数	始めは玉結び、終わりは玉どめ！
教師	見た目は変わらない感じかな？ さあ今日はこれ、挑戦してみるよ。あと発見したこと、気づいたことある？
児童3	裏表で…（教室がざわつく）
教師	さあ、○○さん（児童3）のお話聞こえた人？
児童複数	は〜い！
教師	じゃあ聞こえた人は、裏面を見てごらん。表と裏で模様が…
児童複数	あ〜、ほんとだ…。
児童複数	違うのもあるよ〜！
教師	違うのもある!? ああ、なみ縫いは「表と裏で模様が同じ」（板書）
児童4	なみ縫いの表に糸が出たら裏は出てないで、表が出てないところは、裏が出ている。
教師	…ということは、表面がこうなってるところは、裏面はこうなってる（図示）。
児童4	山みたいになっている。
教師	山みたいに、ジグザグしている。さあ今、いい発見をしている人がいます。ここでちょっと気づいたこと、多分これからの練習で、あなたたちに白い布を渡した時に、すごくいいヒントになってると思うよ。
児童5	丸印のついていないところ、なみ縫いと違うんだけど、表はなみ縫いみたいになっている。
教師	裏は？
児童5	真ん中のはミシンみたい。
教師	ミシンで縫うと真ん中のやつみたいになる？ はい、じゃあお話しするね。今見本を見せたんだけど、縫い方って実は1種類だけじゃない。ここで紹介しただけでも何種類もある。こういうのもみんなとやっていきたいんだけど、今日は赤で書きました。玉結び、玉どめと、なみ縫い。これは絶対今日マスターしたい。（板書「基本の縫い方をマスターしよう」）

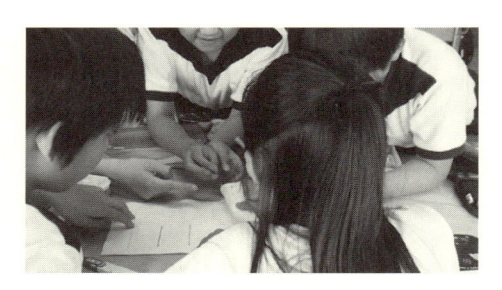

図9-6 縫い方調べ

とは重要である。そうすることで子どもたちは、「何のための授業か」を理解し、課題に取り組めるようになる。その目標に従って授業を行った結果どうだったかを見取るための評価の観点・方法も、目標とセットにして考えておかなければならない。「指導と評価の一体化」ということが言われるように、何を評価するのかということは、何のための授業だったのかというところに立ち戻る問いとなる。家庭科の評価については、第11章で詳述する。

　また、学級がざわついた時の教師の声かけにも注目したい。発言者である児童の声が聞き取りにくかったとき、クラス全体に向けて「お話聞こえた人？」と注意を喚起し、そのうえで「聞こえた人は、（布の）裏面を見てごらん」と指示を与えている。聞こえなかった児童も、次の指示によって明らかになることに追いつこうとして、周りの児童の様子をうかがい、今やるべきことを確認している。このように、注意を喚起する手立ては学習のプロセスの中にある。子どもたちがおのずと授業に集中できるようなポイントを、意識的に投げかけながら、教師は授業を進めていることがわかる。

6　授業を観るための方法

　以上述べてきたように，1単位時間の授業には，教師の思い・願いに裏打ちされた事前の準備があり，授業時間中の子どもたちとの関わりに臨機応変に対応する場面があり，授業後の省察と評価活動がある。こうして次時に続く教師の授業準備はすでにスタートしている。こういった一連の授業という営みを見取る方法として，参与観察のスタンスを取りたい。参与観察は，対象となる環境や場面に関わりながら，自らその場の空気を感じつつ身を置くなかで，見えてくること，気づかされることを把握しようとする観察手法である。観察者は，授業を観ながら観察記録をとることになるが，その際，客観的な視点も持って状況を描写しつつ，主観的にどう受け止めたのか，どのように感じたかという点も具体的に記載していくことになる。

　また，鯨岡（2005）の提唱する「エピソード記述」は，授業の解釈につながる方法論である。鯨岡は「関与観察」という言葉を用い，「間主観的」，すなわち「他者の主観（心）の中の動きをこの「私」の主観（心）においてつかむ」手がかりとなるエピソードをとらえ，考察している。観察者にとって印象深い出来事として，どのようなエピソードが切り取られるのかは，観察対象となった子どもたちや場面に対する観察者の視点がどこにあるのかによって異なってくる。授業を参観する際に，あらかじめ参観者にどのような情報が提供されていたかによっても，授業の「見え方」に相違が現れる。研究授業当日のみの参観で，学習指導案に記載されている情報だけを把握しているのか，以前から継続的に参観してきた学級で，教師の思い・願いや子どもたちの様子まで把握しているのかによって，エピソードの捉え方にも差が生じるであろう。

「授業を観る」ためには，その授業を成り立たせている多くの背景について，理解しておく必要がある。授業を観ることをとおして，いま・ここで生起している授業という営みを的確に捉える目を鍛えていきたい。

●引用文献●
秋田喜代美　2007「授業をとらえる視座」秋田喜代美編『改訂版 授業研究と談話分析』放送大学教育振興会。
鯨岡峻　2005『エピソード記述入門――実践と質的研究のために』東京大学出版会。
松下佳代　2007「Ⅲ　授業における子どもの学び　4．子どもの意欲と授業」田中耕治編『よくわかる授業論』ミネルヴァ書房。
山崎雄介　2007「Ⅴ　教材開発と授業の構想　1．教育内容と教材・教具」田中耕治編『よくわかる授業論』ミネルヴァ書房。

第10章 授業の実践
——模擬授業から学ぶ

　「授業を受ける」という児童・生徒・学生としての立場から,「授業を観る」「授業を行う」立場へとスタンスを変えてみると,家庭科の授業の異なる一面が見えてくる。

　本章では,中学校技術・家庭科家庭分野の授業づくりを行う教師の立場に立って,学生たちが模擬授業を行う実践について見ていこう。模擬授業を行うことによって,授業者となった学生たち,そして生徒役として参加した学生たちは,どのような気づきを得られるだろうか。大学における実際の取り組みを例に,検討することにしよう。

1　実践的指導力と模擬授業

1　今求められる教師としての実践的指導力

　近年,教師としての実践的指導力の育成が大学における教員養成においても課題となっている。佐久間(2006)は,状況と対話する思考力と自分の実践を複眼的に省察する力量が,「実践的指導力」

の中核に位置すると論じている。授業空間は、さまざまな思いを抱いた子どもたちが集まっているカオスのような空間である。どんなに緻密な指導計画を立てていたとしても、教師の想定したとおりに授業が展開するとは限らない。むしろ、想定どおりにいかないほうが「普通」かもしれない。だからこそ、教師として教壇に立つ際には、子どもたちが今どのような状況で、何を考え、何を欲しているのかということをしっかりと見取ることのできる視点が必要となる。

加えて、家庭科の授業づくりにおいては、現代社会における生活の実態や自分自身の家庭生活のありように対する教師自身の見方・考え方が影響を及ぼす。なぜなら、家庭科という教科は、誰もが営むがゆえに多様な価値観を伴う「生活」それ自体を相対化するものだからである。家庭科の授業を行おうとする者がさまざまな生活事象に対して無関心であっては、家庭生活を題材にした授業などできないだろう。生活に対する価値観の不明確な教師では、ひととおりの授業ができたとしても、子どもたちの心には響かない、生活を表面的になぞっただけの空疎な授業になってしまうだろう。家庭科を教える教師は、生活スキルに熟達している必要はない。それよりも、生活事象に対する興味関心を持ち、自らの家庭生活を自覚的に営んでいること、それが大前提である。

高木（2007）が、家庭科教師は「生活者としての姿勢」を持ち合わせていることが必要だと指摘しているように、自らの生活経験や生活意識を土台としながらも、それらを絶対視するのではなく広い視野を持って、こんにちの生活課題を捉え直すところから、家庭科の授業づくりは始まる。家庭科の授業を行う前提として、教師自身の生活に対する価値観を問い直したい。

2　模擬授業で何が学べるのか

以上のようなことをふまえ、家庭科の授業を実施するうえで求め

られる実践的指導力を養うために，教員養成の過程でどのようなトレーニングが可能だろうか。

家庭科の特質と言える生活に対する価値観の醸成については，家政学（生活科学）関連の教科内容科目の学修をとおして見識を深めてほしい。同時に，家政学的〈知〉と実践力を活用し，自らの家庭生活を楽しみ大切にしようとする感性を育んでほしい。これは専門教育としての教科内容に関する学びの中で深められることであろう。

他方，教育実践について「大学の授業」で学ぶとはどういうことなのだろうか。「教育現場のことを大学で学ぶ」教科教育法はある種の矛盾をも内包している。その授業が意義のあるものとなるには，どのような形式が必要だろうか。

教師として求められる力量を習得する入り口となるのが教育実習である。教育実習では，「現場」に身を置いてその空気を感じ，試行錯誤しながら実践を繰り返す。対して，教育実習に行く前に，「現場」に出て教師として振る舞う経験を模擬的に行っておくこと，いわば実習のシミュレーションとして授業を実践してみるのが「模擬授業」である。「模擬授業」とは，マイクロティーチングとも言われ，実際の教育現場を模して授業を行い，それを省察をする一連の取り組みのことである。教員採用試験においても，学習指導案を書いて持参し，そのうえで模擬授業を一定時間行うという事例が見られるようになった。模擬授業を行うことによって，何が見えてくるのだろうか。また，模擬授業によってどのような力が身につくのだろうか。

堀内（2008）によると，実際に教育実習前に大学で模擬授業を経験した大学生たちは，教育実習後のアンケート調査において，模擬授業を行ったことによって，「教壇に立つという感覚がつかめた」と評価している。しかしこれは，あくまでも授業を行うという意味において，最初の一歩でしかない。

吉崎 (1997) は，教師は「デザイナー」であり「アクター」であると指摘する。授業をどのようにデザインし，その指導計画に基づいてどのような言動を伴って子どもたちに伝えるのか，というプランナーであると同時に，表現者としての資質も教師には求められる。模擬授業では，授業を行うという経験に乏しい大学生たちが，教科内容を理解したうえで，それをどのようにしたら他者に伝えることができるのか，考えながら表現することになる。

　模擬授業を受けるのは，クラスメイトたちである。皆同様に，これから教育実習に行く立場にあり，経験知に大きな違いはない。こうした同質性の高い集団内で模擬授業を行う場合には，工夫が必要となる。大学の教師や教職経験者が一方的な授業批評を行ってしまっては意味がない。学生同士が相互評価を重ねる中で，「よい授業」とはどのような授業なのか，客観的に検討し合えるようにしたい。

　しかし，漠然と感想を述べ合っているだけでは論点が焦点化されにくいので，模擬授業を観る視点を共通に認識しておく必要があるだろう。具体的には，表10-1に示す観点がある。

　授業を観る視点は，「教師としての言動・雰囲気」「教授スキル」「授業構成力」の3つに大別することができる。まず授業者の言動が教師としてふさわしいものであるかどうか，子どもたちがゆったりと安心して学べる雰囲気があるか，といった授業者の個性以前に持ち合わせておくべき教師としてのたたずまいに着目する必要がある。次いで，教授スキルや授業構成力としてまとめられるような，授業者としての資質・能力が問われよう。これらは，現場経験のない学生の模擬授業で追求するには限界があるかもしれないが，十分な教材研究を行い，指導計画を練り上げることによって，おのずと違いが現れるものである。授業者がその模擬授業をとおしてどのようなことを伝えたいと考えていたのかを学習指導案から読み取り，模擬授業を観ながら，そのような教師の思いが伝わるような授業だ

表10‐1　模擬授業を観る視点

教師としての言動・雰囲気	表情・雰囲気 声の大きさ・話し方・言葉づかい 態度・姿勢
教授スキル	板書・掲示物 進め方のテンポ 発問 指示・説明 生徒との対応・受け答え
授業構成力	授業内容・方法 教材・教具の活用 授業展開 ワークシート・プリント 事前の準備 時間配分 学習指導案の内容 本時のねらい

出所）堀内（2008）

ったのかどうかを考察することになる。

2　学習指導案の立案

1　学習指導案を立案する目的

　学習指導案は何のために書くのか，考えてみたことはあるだろうか。「教師が自分の授業について考えを明確にするために書く」という意味があるのは明白である。しかし，そのためだけに学習指導案は書かれるものなのだろうか。

　学習指導案が配布されるのはどのようなときなのか，誰がそれを読むのかを考えてみてほしい。教育実習や公開授業研究会など各学校で研究授業が行われるときに，授業の学習指導案が配布され，参観者はそれらの学習指導案を読み，授業を参観する。つまり，学習

指導案には「授業を参観する人々」あるいは「その授業について指導講評してくれる人々」という「読者」が想定されているのであって、授業者である教師にとっての単なる覚書やメモではない。

授業者が自分の授業について思いをめぐらせ、どのような展開で進めようか、そのときどのような発問をしようかなどと、あらかじめ計画を立ててその覚書として書きとめておくものならば、何も「学習指導案」という体裁をとっていなくとも用は足りる。そうではなく、一定のフォーマットに則って、授業者の押印までして完成させる学習指導案は、あくまでも「読者」を想定し、その「読者」に対し、授業者の授業に対する意図や思いを伝え、本時の位置づけを理解してもらうために書かれるものなのである。

授業の参観者は、用意された学習指導案を読み、授業者が学級の子どもたちの実態をどのように見取り、本時の学習をどのように位置づけているのかということを把握したうえで、本時の授業の流れと向き合うことになる。参観者は、本時に至るまでの間にそれぞれの授業者が子どもたちとともにどのような学習を積み重ねてきたのかを知り、授業者の教育内容への理解をふまえ、本時の学習の妥当性、指導の適切さ等に注目し、授業を観ていくことになる。

2　学習指導案のスタイル

以上の学習指導案を書く目的、すなわち授業参観者という「読者」を想定している点をふまえると、おのずと、どのような内容がそこに書かれている必要があるかが明らかになるだろう。まず、その授業がいつ、どこで、誰によって、どのような子どもたちを対象に行われるのかということが明示されている必要がある。そのうえで、どのようなテーマをどのような目的で何時間かけて取り上げるのか、本時は同テーマによる何回目の時間に相当するのか、本時全体の学習の展開はどのようになるのか、教師はどのような発問をし

て子どもたちに課題を提起するのか，評価の観点は何か，学習の終結はどのような形か等々，本時の背景をふまえ，本時がどのように始まり終結するのかが読み取れるようになっていなければ，「よい学習指導案」とは言えないだろう．

　学習の枠組としての指導計画の種類とその内容については，第8章で述べたとおりである．学習指導案に記す本時の展開は，時間の流れに沿って，児童・生徒がどのような活動・発言をし，それに対して教師がどのように働きかけるのか，児童・生徒と教師との対応関係が読み取れるものであればよい．その時間の流れの中で，要所要所に評価の観点があり，教材・教具の使用が位置づけられることになる．

　表10-2に，本時の展開を記述するフォーマットの一例を示す．最低限，時間軸の流れと児童・生徒の活動，教師の支援が示されていれば，どのように展開する授業なのかがわかる．本時の目的をふまえ，児童・生徒の活動に対して教師がどのような支援をし，その際，どのようなことに留意しているのかといった教師の心づもりも含めて記しておくと，授業の展開がよくわかる．

表10-2　本時の展開に関する簡略化されたフォーマット

過　程	児童・生徒の活動	教師の支援
導　入		
展　開		
まとめ		

3　授業のラフスケッチ

それでは，表10-2に示した本時の展開に関するフォーマットを用いて，授業の概要を構想してみよう。「学習指導案」を練り上げていく段階の一歩手前の作業として，想定される授業のラフスケッチを描くつもりで取り組んでみたい。その際，本時の目標を明確にしておくことが重要である。目標が明確になっていれば，何を評価したらよいかも明らかになる。

この「授業のラフスケッチ」を考える作業は，家庭科に関する授業のアイデアをまとめていく際に役に立つ。あくまでも「ラフ」に家庭科の授業を捉え，どのような手続きで，どのような教材を用いて子どもたちに働きかけていくのかを構想することが，学習指導案を作成するうえでの出発点となる。「ラフ」な構想を練り上げていくためには，教材研究をさらに重ねていく必要がある。

3　模擬授業を取り入れた大学における授業

1　模擬授業の実際

模擬授業を行う目的をどう位置づけるかによって，実際に何分間の模擬授業を実施するかという点は異なってくる。また，模擬授業の計画を個人で立案するのか，グループで取り組むのかによっても，模擬授業をとおして何を観るのかという視点は異なってくる。ここでは，個人で本時50分間の中学校技術・家庭科家庭分野の学習指導案を立案し，そのうちの15分間を切り取って模擬授業として実施する場合の目的と効果について，述べることにしよう。

模擬授業に至るまでには，まず学習指導案が完成しており，生徒役となるメンバー全員に配布されていることが前提である。生徒役となるメンバーは，模擬授業中は生徒役として対応しつつ，その一方で「観察者」の視点も持って，授業者の姿を見取り，気づいたこ

第 10 章　授業の実践

図 10-1　机間巡視

図 10-2　板書しながらの対話

とを付箋に書き出していく。よかった点，改善点を付箋 1 枚につき一つずつ書き出すようにする。付箋には，思いついただけできるだけたくさん書き出すことが望ましい。この付箋に記入したコメントは，模擬授業終了後の省察の時間に活用する。

　授業者は教師の立場・視点で，学習指導案をふまえて授業の目標を達成すべく，生徒に発問し，説明や指示をして，授業展開を図っていく。模擬授業は，1 コマ 50 分の学習指導案の中のどの 15 分間を切り取って実施してもよいこととし，途中から始める場合には，

それまでどのような文脈で授業が進んできているのか，そしてそのどこから始めるのかを，一言説明するとよい。

　生徒役のメンバーは，授業者の投げかけに生徒の立場で応答しながらも，複眼的な視点で客観的に授業の展開を観察する。生徒役のメンバーの手元には学習指導案があるので，授業者がどのような意図で授業を行っているのかということはわかる。学習指導案に記されている教師の思いや願いが生徒たちに伝わる授業となっているのか，伝わらないとすればそれはどこに原因があるのかを考え，気づいた点を付箋に記していく。

　模擬授業は15分で終了し，続いて振り返りの時間に入る。生徒役のメンバーは，付箋に記した授業者に対するコメントを別紙の上に集約し，どのような指摘があったのか，コメントの内容をグルーピングし，共通のカテゴリーごとにまとめていく。この一連の活動に，模擬授業の授業者自身は加わらない。模擬授業は15分間なので，1コマ90分間の大学での授業時間内において，2人から3人の模擬授業が行われることになる。模擬授業の授業者は，自分が生徒役として参加したほかの授業者による模擬授業についてのグループワークに取り組むことになる。

　付箋が整理され，浮かび上がってきた模擬授業の課題をクラス全体で共有したところで，振り返りは終了する。最後に付箋のコメントをまとめた用紙は，授業者自身にフィードバックされる。

2　模擬授業の目的と実施方法

　模擬授業を実施する第1の目的は，受講者全員が「授業を行う」という経験をすることである。そのとき，必ずしも小学校ないし中学校の1単位時間全部を行う必要はない。授業全体の流れを追うには学習指導案を見ればよく，授業実施経験を積むという趣旨ならば，むしろ短い時間の模擬授業とその振り返りの経験を回数を重ねて実

施したほうが，気づきを次の実践につなげることになるので，有効である。

　模擬授業の様子は録画し，DVDにダビングして授業者にフィードバックする。授業者は，DVDを視聴し，ダイアローグを文字化して，生徒役のメンバーとの対話を振り返り，授業展開について省察する。この文字化作業によって，改めて自分の発問とそれに対する生徒役との応答が可視化されることになる。付箋に記されて寄せられたコメントと合わせて，授業者は客観的に，授業者としての自分の姿を捉え，授業を行ううえでの課題をつかむことが可能となる。

　他方，生徒役兼観察者として模擬授業に参加する者は，生徒の立場だったらどのように受け止めるかを考えながら，模擬授業を受けることになる。発問・指示のわかりやすさや説明の的確さなどを考えながら，コメントを付箋に記していく。他者の行う模擬授業を観ることで，客観的な授業の分析が可能となり，生徒の立場で実感した授業者にとっての課題を共有し，自分の模擬授業においても留意しようとする意識が醸成される。授業者と生徒役は表裏一体をなし，双方の立場に立つことで，授業という双方向的な営みを実感的に捉えることができるのである。

4　省察を明日の実践の糧として

　ショーン（2001）は，「実践者は自分の「実践の中の知」に"ついて"省察する」と述べている。模擬授業では，「授業者」という「実践者」は，生徒役との対話をとおして，自分の行おうとしている「授業」の想定への問い直しをせまられる。想定どおりに進まないときも，授業空間というリアルな現実の中で確かな知となる事柄を探りながら，生徒役との対話を重ねていくのである。

　授業を改善し課題に対処するためには，授業者は自分自身の言動

を可視化し，客観視する手立てを必要とする。模擬授業における生徒役からのコメントに基づく振り返りと映像記録の文字化をとおして，授業者は自分の授業を省察する機会が得られることになる。このような経験をすることによって，授業者としての自分の個性にも気づくことができるだろう。

　児童・生徒の個性を生かした学習指導ということが言われるが，他方で，教師にもまた，その教師なりの個性があり，よさがある。教師としての立ち居振る舞いや授業のスタイルには，おのずと，その教師自身の個性が表れるものであり，それを生かした授業であってほしいと思う。同じ学習内容，同じ学習指導案であっても，授業者である教師が異なれば，まったく異なる展開になるかもしれない。同様のことは，学級の相違によっても言えることであろう。

　子どもたちにとって，今日の授業は今日限りのものである。教育実習に行って授業を担当することになったとき，十分な授業展開に至らない場合も多々あることであり，実習生という研修中の身としてはやむを得ないことでもある。しかし，子どもたちにとっての今日1時間の授業の重みを，忘れてはならないだろう。

　模擬授業を行うことによって，子どもたちとの時間の中で，次につなげる課題を確実につかむことができただろうか。一つひとつの気づきを重ねることで，よりよい授業を模索することができる。授業のデザインはスパイラルに続く教師の省察プロセスである。常に自らの授業を省察する研究者としての視点を持ち合わせながら，授業づくりにチャレンジしていきたいものである。

● 引用文献 ●

佐久間亜紀　2006「教師にとっての「実践的指導力」――その重層的世界」東京学芸大学教員養成カリキュラム開発研究センター編『教師教育改革

のゆくえ──現状・課題・提言』創風社。
ショーン, D. 2001『専門家の知恵──反省的実践家は行為しながら考える』（佐藤学・秋田喜代美訳）ゆみる出版。
髙木幸子 2007「家庭科教員養成における模擬授業実践を取り入れた教育法プログラムの検討（第1報）──模擬授業実践による学生の課題認識の分析」『日本家庭科教育学会誌』49(4)。
堀内かおる 2008「家庭科教員養成における模擬授業の有効性──コメント・レポートによる相互評価に着目して」『日本家庭科教育学会誌』51(3)。
吉崎静夫 1997『デザイナーとしての教師, アクターとしての教師』金子書房。

第11章 家庭科の評価
―― 授業の改善に向けて

　教育の場面において，評価は何のために行うのだろうか。それは，子どもたちの学習到達状況を判断するのみならず，教師自身の授業改善のためである。つまり評価とは，目標を設定して授業を行った結果どうであったのかを，子どもたちの到達状況を見取ることによって把握するとともに，行った授業がはたして妥当な内容であったのかどうかを教師自身が省察する手がかりとなるものである。

　家庭科の授業に関して，どのような評価基準を設ければ，客観性のある評価活動を行うことができるだろうか。本章をとおして，家庭科における評価の意義と課題について考えてみることにしよう。

1　何のために何を評価するのか

1　評価の考え方
① 評価の定義
　評価とは，一般的な定義として「種々の政策（ポリシー），施策（プログラム），事業（プロジェクト）の実施と効果を組織的に査定す

るもの」だと三好（2008）は述べる。さまざまな事柄についての評価が行われている中で、教育評価とは、「教育目標に照らして教育の効果を調べ、価値判断をすること」であり、評定とは「あらかじめ設定した基準に基づいて対象を等級に分ける、あるいは対象に順位をつけること」と見なされる（辰野 2006）。すなわち教育評価とは、あらかじめ設定された教育目標に応じて、学習の成果がどうであったのか見取る一連の行為を指し、当初の目標に準拠した評価の観点にしたがって、判断がなされることになる。

2001年に改訂された指導要録において、それまで採用されてきた「相対評価」に代わり、「目標に準拠した評価」が採用されるようになった（田中 2010）。相対評価は「集団に準拠した評価」であり、集団内での個々の子どもの位置が示される。相対評価の問題点として、示されているのは学級集団内での順位であって、どのようなことが学べたのかという個々の子どもの学習の成果を示すわけではないという点があげられる。それに対し、「目標に準拠した評価」とは、あらかじめ設定された目標、すなわち到達させたい「到達目標」に照らして、子どもたちがどの地点にいるのかを見取る評価（到達度評価）に基づいて、提起された評価法なのである。

② 「目標に準拠した評価」に内包される課題

ところで、この「目標に準拠した評価」には、そのあり方をめぐる4つの論点があると、田中（2010）は指摘している。以下に、まとめておこう。

まず第1に、上述したように目標に準拠した評価は教師によって設定された目標に基づいて実施されるため、想定外の結果を示した子どもたちが除外されてしまう、見過ごされてしまうという危険性がある。

第2に、子どもたちにとって目標に準拠した評価とは、教師によ

る「外的な評価」であり，子どもたち自身による自己評価としての「内的な評価」が十分に位置づけられていないという問題がある。すなわち，教師が設定した目標に則って行われる評価に関わって，子どもたち自身の自己評価をどう活性化させていくのかが問われる。

　第3に，目標に準拠した評価は学習の成果に着目しているために，「その成果や結果に至る「プロセス」を丁寧に読み取る」必要がある。例えば，家庭科において小物づくりなどの製作を行った場合を想定してみよう。完成品として出来上がった作品自体にはまだ課題が残っているが，その子なりに一生懸命取り組んで製作しているうちに，学習前よりも技能に習熟し進歩が見られたというケースは多々あるだろう。この場合に，最終的な成果物である作品の出来栄えのみで判断してしまったのでは，その子どもの学びを適正に評価したとは言えないだろう。

　第4に，目標に準拠した評価が客観性を重視するために，「客観テスト」が多用されがちとなるおそれがある。客観テストに問題があるとは一概には言えないが，こうした形式のテストで測ることができるのは「量的」な側面であり，それは点数として把握される。家庭科の場合，点数化して量的に見取ることができる内容は，獲得され理解された知識の量など一部である。それ以外の内容，例えば家庭生活に対する「実践的な態度」などは，「客観テスト」で測れるものではないことは明らかである。子どもたちの学びの「質的」な側面をどのようにして評価するのかが問われる。

2　「真正の評価」論

　以上のような目標に準拠した評価に包含される課題に対し，新たな評価論が提起されている。それは，「真正の評価」という考え方である。田中（2008）によると，アメリカで1980年代後半から「真正の（authentic）評価」という考え方が台頭する。ここで言わ

れる「真正」であることとは，田中（2010）によって以下の6点にまとめられ，紹介されている。

第1に，「評価の文脈と目標が「真正性」を持っていること」，すなわち「評価の課題や活動がリアルなもの」であること。

第2に，「構成主義的な学習観を前提としていること」。つまり，知識を量的に蓄積することを学習とは見なさず，子ども自身が自分のそれまでの経験に，学習によって喚起された新たな気づきを重ねて，新しい「知」を構築していく営みを学習と捉えるという考え方に根ざしている。

第3に，評価が「学習の結果だけでなくプロセスを重視する」ものであること。

第4に，「学習した成果を評価する方法を開発し，さらには子どもたちも評価方法の選択ができること」。具体的な方法として，「パフォーマンス評価」や「ポートフォリオ評価」があげられる。これらの評価方法のうち，本章では特に「パフォーマンス評価」を取り上げ，後述する。

第5に，評価が「自己評価を促すもの」であること。子ども自身が「何を学んだのか，学べたのか」を自問することができるのが，真正の評価であると言えるだろう。

第6に，評価活動を「教師と子どもとの，さらには保護者や地域住民も含む参加と共同の作業」と捉えること。ここでは，さまざまな視点から子どもの学びを多面的に見取る必要性が強調されている。

3　ゴール・フリー評価

根津（2006）は，「目標にとらわれない評価」である「ゴール・フリー評価」を紹介し，オープンエンドではなく，「「当初の目標には示されていない，もう一つの見方」に配慮する」のがゴール・フリー評価であると説明する（根津　2008）。ゴール・フリー評価にお

いては，評価者にはプログラムの目標は伝えられずに，あくまでも当事者としてそのプログラムに参加してどうだったかを事実に基づいて評価することになる。ここで言う「当事者」には，授業の場面を想定したとき，同僚の教師や子どもたちが含まれる。授業の状況によっては，保護者や地域の人々が関与することも考えられる。評価参加者（ステイクホルダー）として多様な人々が評価活動に参加することによって，授業やカリキュラムが多面的に見直され，改善に向けたいくつもの視点が得られるであろう。

目標に準拠した評価はあくまでも教師の設定した目標とセットで行われるため，評価すべき事柄が限定的で閉じられた内容になる可能性がある。もちろんカリキュラムや授業全体の計画を立てるためには，学習状況に一貫した見通しを持って目標に準拠した評価を想定することが不可欠である。しかしそれだけではなく，ゴール・フリー評価の視点も持ちながら，授業場面において柔軟に子どもたちの学びを見取ることができるようでありたい。

2 どのようにして評価するのか

1 家庭科の評価規準

それでは，家庭科の授業に即して，具体的な評価について考えてみることにしよう。国立教育政策研究所（2011）は，『評価規準の作成，評価方法等の工夫改善のための参考資料』をインターネット上で公開し，冊子としても刊行している。

同冊子で提起されている教育課程編成の方針のベースになっているのが，2008年1月に中央教育審議会答申において公示された「学力の重要な要素」である以下の3点，すなわち①基礎的・基本的な知識・技能，②知識・技能を活用して課題を解決するために必要な思考力・判断力・表現力等，③主体的に学習に取り組む態度，

である。これらは，2006年改正の教育基本法および2007年公布の学校教育法一部改正における義務教育の目標と小・中・高等学校等で育成すべき力についての記述（第30条第2項，第49条，第62条）をふまえて整理されたものであり，新学習指導要領においては，これらの力の育成を図ろうとしている。

国立教育政策研究所が示した評価規準は，これらの「学力の3つの要素」をふまえ，評価の観点を「関心・意欲・態度」「思考・判断・表現」「技能」「知識・理解」の4つに整理している。

ここで，「評価規準」と「評価基準」の違いを明確にしておこう。「評価規準」とは「教育目標を評価目的の文脈に従って具体化した目標や行動」を示し，「評価基準」とは「どの程度か」を判断する量的・尺度的解釈の根拠を示す。つまり「評価規準」は達成すべき目標を表し，「評価基準」は目標に即してどの程度到達しているのかを判断する指標となるものである。国立教育政策研究所による前述の「参考資料」において，家庭科の目標に則った評価規準の設定例が示されている。

表11-1は，小学校家庭科における「C　快適な衣服と住まい」の「(2)快適な住まい方」の評価規準の設定例である。4つの評価の観点について，すべてにわたって無理に評価規準を設定しなければいけないというわけではない。ここでは，「快適な住まい方」について「技能」の観点が入っていない。「毎時間4観点について評価するのではなく，いずれかの観点に重点を置くなど」（国立教育政策研究所　2011）の方法で，適切な評価を行うこととされている。

2　家庭科におけるパフォーマンス評価の導入

パフォーマンス評価は，2008年（小・中学校）・2009年（高等学校）の学習指導要領改訂に伴う2010年の指導要録改訂に際して，推奨されている評価方法である。パフォーマンス評価の考え方は，

表 11-1 「C(2)快適な住まい方」の評価規準の設定例

家庭生活への関心・意欲・態度	生活を創意工夫する能力	生活の技能	家庭生活についての知識・理解
整理・整頓や清掃に関心をもち,身の回りを快適に整えようとしている。	身の回りを点検し,課題を見付け,整理・整頓や清掃の仕方について考えたり,自分なりに工夫したりしている。	身の回りの物の整理・整頓ができる。汚れの種類や汚れ方に応じた清掃ができる。	身の回りの物の整理・整頓の仕方について理解している。汚れの種類や汚れ方に応じた清掃の仕方について理解している。
季節の変化に合わせた生活の仕方に関心をもち,快適な住まい方について考えようとしている。	季節の変化に合わせた住まい方について課題を見付け,自分なりに快適な住まい方について考えたり,工夫したりしている。		季節の変化に合わせた生活の大切さがわかり,快適な住まい方について理解している。 ・自然を生かした住まい方 ・暑さ・寒さへの対処の仕方 ・通風や換気の仕方 ・採光の工夫

出所) 国立教育政策研究所『評価規準の作成,評価方法等の工夫改善のための参考資料(小学校 家庭)』(2011)

前述した「真正の評価」論に依拠している。パフォーマンス評価は「子どもたちが知識を実際の世界にどの程度うまく活用させているのかをはかるもの」だと見なされている(田中編 2011)。

パフォーマンス評価では,子どもたちが自ら学び得たことをもとに,現実的な文脈に即した課題(パフォーマンス課題)に取り組み,教師はさまざまな「パフォーマンス」によって表現された事柄について,あらかじめ作成していた評価基準である「ルーブリック」にそって評価をしていくことになる。パフォーマンス課題としては,文章表現や作品,プレゼンテーション,図・グラフや絵による表現など,多様な方法が採用される。

「ルーブリック」とは,「学習目標との関係において求められる達成事項の質的な内容を文章表現したもの」であり,学習の到達状況

を評価する際の評価基準となるものである（佐藤　2006）。田中（2011）は，パフォーマンス評価におけるルーブリックが「学習課題に対する子どもたちの認識活動の質的な転換点を規準として段階的に設定され，指導と学習にとって具体的な到達点の確認と次のステップへの指針となる」と述べる。こうして評価の際に用いられるルーブリックは子どもたちにも公開され，子どもたちが自身の取り組んでいる学習の意味を理解し，自己評価の指針として活用するのが望ましい。ルーブリックによる評価結果は現段階での子どもたちの学びの状況なのであり，最終的な結果ではない。現在どのような状況なのかを子どもたち自身が認識し，改善に向けてどのように今後取り組んだらよいのかを考える手立てとなるのが，ルーブリックなのである。ルーブリックの一例を，表11-2に示す。

　神山と堀内（2010）は，中学校技術・家庭科家庭分野における消費生活と環境についての学習の中で，「真正の評価」としてパフォーマンス評価を導入した実践を行った。このとき「リアルな課題」として採用されたのは，「今度，新しくシャンプーを買うときに，自分がこうするだろうと思うこと」をプロセスにして図に書かせるという課題であった。環境に配慮した消費行動について授業の中でふれたうえで，学習後に再びシャンプー購入にあたってのプロセス図を書かせ，生徒の思考の深まりについて考察し評価した。

　このパフォーマンス課題で採用された表現方法は，「プロセス図を書く」ということであった。生徒にとってこの課題は，実際にシャンプーを購入する場合どうするか，という自分にとっての現実的な選択場面を提示されたことになる。どのような商品を購入するかを考え，決定する手順を図示させるとともに，商品の選択理由も合わせて記述させることによって，教師は，生徒がなぜそのような選択をしたのか，何を考えていたのかを把握することができる。「環境に配慮した消費行動」という授業内で取り上げた内容が理解され

表11-2 「A家族・家庭と子どもの成長」における「自立と共生」について
考える授業のルーブリックの例(中学校技術・家庭科家庭分野)

点数	評価	内容
4	A:模範的な記述(現状を考え、自立と共生について自分なりに発展させて考えている)	＊自分と家族との関わりの現状がとらえられている。 ＊「自立」と「共生」について自分なりの見解を持つことができる。 ＊自分の生き方について考えることができる。
3	B:良い記述(現状をとらえ、現在とるべき具体的な行動を考えている)	＊自分と家族との関わりの現状がとらえられている。 ＊家族との関わりについて考え、どのようにしたら良いか、具体的な行動で表すことができる。
2	C○:十分な記述(具体的ではないが、家族との関わりについて考えている)	＊自分と家族との関わりについて考えているが、具体的な行動について表すことはできない。 ＊活動を通して、自分なりの気づきや感じたことが書けている。
1	C:不十分な記述(授業の感想や、授業で気づいたこと、わかったことが書けている)	＊活動を通して、自分なりの気づきや感じたことが書けている。 ＊具体的な行動について示すことはできない。
0	D:記述なし	＊記述欄が空白である。 ＊授業内容に関連しないことが書いてある。

ているかどうかは、評価規準にそれを掲げることによって、具体的な到達段階を示す評価基準であるルーブリックに反映される。

3 言語活動の評価

第8章で述べたように、2008・2009年度改訂の学習指導要領では、言語活動の充実が強調されている。学習の中でどのように言語

活動を取り入れ，それをどのように評価していけばよいのだろうか。

　横浜国立大学教育人間科学部附属横浜中学校では，各教科等における言語活動の充実をテーマに研究を行い，言語活動を取り入れた授業とその評価についての提案を行っている（横浜国立大学教育人間科学部附属横浜中学校編　2009）。技術・家庭科家庭分野の実践例としては，葛川幸恵教諭による題材「日本手ぬぐいから知る和装——農家の人に日本手ぬぐいのかぶり物を作ってプレゼントしよう」が紹介された。この題材では，主たる評価規準として，「日本の伝統である日本手ぬぐいの使い方や和装に関心を持っている」「農家の方との交流に向けて農家の作業着を理解している」「基礎縫いの復習をし，まつり縫いや返し縫い，なみ縫いなどの基礎縫いを行うことができる」の3点があげられている。

　授業は，家庭科の中で伝統文化や和装を扱うことができる点に着目し，手縫いの基礎的な技術の習得と合わせて，和装の特色について理解させる内容となっている。言語活動としては，「和装や手縫いの専門的な用語の理解」「農家の方に手紙を書く」「日本手ぬぐいの使用状況についてのアンケート調査」という3点があげられている。生徒たちが農家の方とコミュニケーションをとり，その衣生活の中で特徴的な和装について理解するとともに，こんにちの生活の中に和装がどのように活かされているのかを調査し，記録する活動が取り入れられている。

4　評価を授業改善につなげるために

　評価の目的は，教師にとっては子どもたちの学びの状況を把握することをとおして，自身の授業を見直し改善を図るための手がかりを得ることにほかならない。子どもたちにとっては，自分自身の習得状況を認識し，さらなる課題を明らかにし，目標を持てるように

なることである。

「真正の評価」論が提起している考え方は，家庭科の評価を考えるうえで，示唆的である。家庭科教育の困難の一つとして，「家庭生活に関する学習を学校で取り上げ学ぶ」という点があげられる。これはある意味，家庭科という教科の抱えるパラドックスである。

学校の授業で学んだことは，家庭生活に還元されてこそ，意義がある。生活に活かす力としての「活用型学力」こそ，家庭科教育が目指すべきものである。この「活用型学力」が家庭の中でどのように発揮されているかをたどってみなければ，本当の学習成果は捉えることができない。しかし，子どもたちの各家庭に教師が入り込んで，子どもたちの実態がどうなっているのかを見取ることなど，到底できない話である。それならば，いったい，家庭科においてどうやって活用型学力の習得状況を見取ることができるのか。

それには，パフォーマンス課題に依拠するほかないのではないか。現実の生活において発現する「リアルな課題」を子どもたちの生活の文脈に沿って提起することをとおして，その場面に直面したときのことを子どもたちに考えさせる。そのうえで，自分の意思決定や行為について表現させる。こうしたパフォーマンス課題に基づくパフォーマンス評価によって，想定された場面における学習の活用状況を見取ることができるだろう。

家庭科におけるパフォーマンス課題の開発はまだ緒についたばかりである。指導と評価の一体化を意識し，家庭科の学習指導をとおして育てたい子どもの姿を具体化しつつ，単に評価基準に当てはめるのではなく，〈いま・ここ〉での子どもの学びの姿を適正に見取れるような評価活動を目指したい。

● 引用文献 ●

神山久美・堀内かおる　2010「家庭科における消費者教育の実践と評価」『日本家庭科教育学会誌』53(1)。

国立教育政策研究所　2011『評価規準の作成，評価方法等の工夫改善のための参考資料』http://www.nier.go.jp/kaihatsu/shidousiryou.html（2012年8月31日アクセス）。

佐藤真　2006「ルーブリック（評価指標）」辰野千壽ほか監修『教育評価事典』図書文化社。

辰野千壽　2006「教育評価の概念・意義」辰野千壽ほか監修『教育評価事典』図書文化社。

田中耕治　2008『教育評価』岩波書店。

田中耕治　2010『新しい「評価のあり方」を拓く──「目標に準拠した評価」のこれまでとこれから』日本標準。

田中耕治編　2011『パフォーマンス評価──思考力・判断力・表現力を育む授業づくり』ぎょうせい。

根津朋実　2006『カリキュラム評価の方法──ゴール・フリー評価論の応用』多賀出版。

根津朋実　2008「目標にとらわれない評価による知識・認識の広がりと活用型学習」浅沼茂編『「活用型」学習をどう進めるか──表現力・思考力と知識活用能力をどう伸ばすか』教育開発研究所。

三好皓一　2008「評価とは何か」三好皓一編『評価論を学ぶ人のために』世界思想社。

横浜国立大学教育人間科学部附属横浜中学校編　2009『各教科等における「言語活動の充実」とは何か──カリキュラム・マネジメントに位置付けたリテラシーの育成』三省堂。

第12章 家庭科教師という存在
―― 求められる資質と指導力とは

　2012年8月に，中央教育審議会は答申「教職生活の全体を通じた教員の資質能力の総合的な向上方策について」を取りまとめ，発表した。同答申は，「「学び続ける教師像」の確立」の必要性を指摘している。そのうえで，「これからの教員に求められる資質能力」として，「教職に対する責任感，探究力，教職生活全体を通じて自主的に学び続ける力（使命感や責任感，教育的愛情）」「専門職としての高度な知識・技能」「総合的な人間力（豊かな人間性や社会性，コミュニケーション力，同僚とチームで対応する力，地域や社会の多様な組織等と連携・協働できる力）」の3点をあげ，これらは相互に関連しながら形成されると見なした。

　教員免許を取得して教員採用試験に合格し，各自治体で採用されるところが教師としてのスタートラインなら，大学における教員養成のための教育は，教職志望者を教師としてのスタートラインに立たせることを目標とする。それでは，家庭科教師のスタートラインに到達するまでに習得しておくべき資質・能力とはどのようなものなのか，考えてみよう。

1 家庭科教師とはどのような人々か

1 家庭科教師に見られるジェンダー・バイアス

　近年の児童数減少に伴い，家庭科専科と呼ばれる家庭科のみを担当する教師を配置している小学校は減少している。学級担任から外れて家庭科を担当している場合でも，「家庭科のみ担当」は稀であり，複数の教科や書写などを併せて担当しているケースが多い。

　2012年の調査によると，小学校教師のうち女性教師が占める割合は62.7％である。それが，中学校では42.3％，高等学校では30.3％というように，学校段階が上がるにつれて，女性教師の比率は減少する（平成24年度学校基本調査）。教科担任制をとっている中学・高等学校では，女性教員が比較的少ないのにもかかわらず，家庭科を担当しているのは，圧倒的に女性が多い。もっとも，中学校

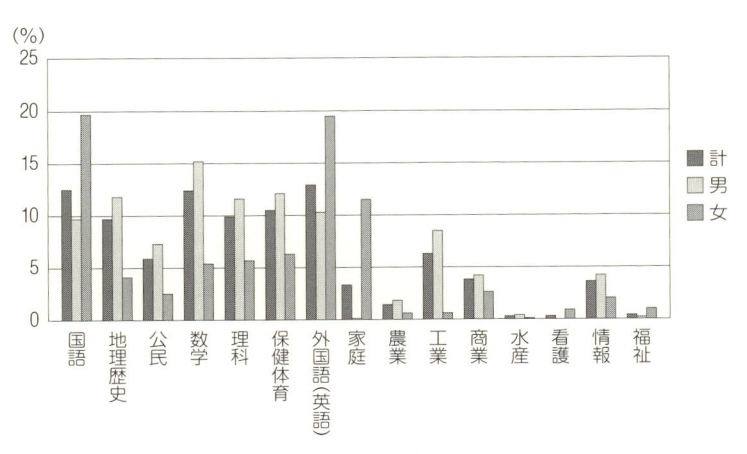

出所）文部科学省「学校教員統計調査」（2010年度）

図12-1　高等学校の各教科別担当教師の男女比

の場合は，教科が技術・家庭科で，技術分野と家庭分野を担当できる教員免許はそれぞれ別のものである。担当教師の男女比としてはほぼ半々になっていたとしても，男性教師が技術分野で，女性教師が家庭分野というようにわかれているケースが多い。高等学校に至っては，男性教師全体の中で，家庭科を教えている教師の比率は，わずか0.1％である（図12-1）。

2　大学進学における課題

　なぜこのような科目担当におけるジェンダー・バイアスが生じるのだろうか。原因を探るには，高等学校から大学へ進学する際の進路決定のときに，中学校・高等学校の家庭科教員免許の取得が可能な学部・学科への進学を志したかどうかというところまで遡って考えてみる必要がある。

　表12-1は，2009年4月1日現在で，中学・高等学校の教員免許状「家庭」を修得できる全国の通学制4年生大学の内訳を示している。国立大学で教員養成系学部を設置している大学は，すべて男女共学であるが，私立大学の家政系学部設置大学は約6割が女子大学である。家庭科教員免許の取得を考えている生徒たちの進路としては，主として全国の教員養成系の国公立大学か，私立および公立の女子大学あるいは共学公立大学の家政関連学部が想定されるのだが，家庭科に関心を持ち専門的に家政学関連科目を学びたいと思っている男子生徒にとっては，おのずと選択肢が限られてしまう。以上のことから，男子生徒がそもそも家政学関連分野や家庭科教員養成の進路に進むのが難しいという現実がある。その結果として，家庭科の教員免許状を修得しているのは圧倒的に女性が多いというジェンダー・バイアスが生じる。そうすると必然的に，特に中学校および高等学校で家庭科を教える教師は，ほとんどが女性ということになる。

表12-1 中学校・高等学校「家庭」の教員免許状（1種免許状）が修得できる大学の内訳（通学課程）

		男女共学	女子大学	合計
国立	n	48	2	50
	%	96	4	100
公立	n	6	2	8
	%	75	25	100
私立	n	19	32	51
	%	37.3	62.7	100

出所）http://www.mext.go.jp/a_menu/shotou/kyoin/daigaku/detail/1287064.htm（2012年9月4日アクセス）より作成。

2 「男性家庭科教師」という存在

　少数ながら家庭科を教える男性教師もいないわけではない。前述したように，男性の高等学校教師のうちの0.1％ほど，存在している。彼らには，男女共学の大学で教科として家庭科を専攻したケース，在学中に副免許として必要単位を取得したケース，卒業後に，科目等履修生として，または通信制の教職課程に入学して単位を取得し，免許取得に至ったケースがある。さらに一定期間に限定されたものではあるが，1994年から男女共修家庭科がスタートするにあたり，家庭科教員を補充する臨時措置としてとられた方法として，一部の自治体が実施した認定講習による資格付与の取り組みがあった。

　これらの家庭科教員養成のプロセスはそれぞれ異なるが，こうした方法で，少数ながら全国に男性の家庭科教師が存在し，教壇に立っている。次に，それぞれの方法によって家庭科教師となっていった男性たちの状況を見てみることにしよう。

1 大学で家庭科を専攻し家庭科教師になったケース

堀内（2008）は，教員養成系学部を卒業して家庭科教師となり，10年のキャリアを蓄積している一人の男性教師に対する縦断的なインタビューを5年ごとに3回実施し，この男性教師（以下X教師とする）の家庭科教師としてのキャリア形成の過程を追ってきた。

X教師は高等学校家庭科が男女共修になる以前の世代であるため，自分自身は高等学校で家庭科を履修していない。それにもかかわらず，家庭科教師を志望した理由は，大学での講義が新鮮で興味深く感じられたからだという。当時，家庭科は専攻教科ではなかったので，副免許として家庭科関連科目を履修，単位を取得して，卒業後，私立高等学校の家庭科専任講師として採用された。

採用された当初は，学校の「広報部」に配属され，中学校を回って学校を宣伝する役割を課せられた。こうした「広告塔」としての役割は，「男性家庭科教師」という存在の新しさが，学校をアピールする好材料と見なされたことを示唆している。各校に常勤教師が一人ということが多い家庭科教師の場合，常勤で採用されるということは，「家庭科主任」の役割に就くことと同義である。X教師は経験不足を補うべく，経験豊富な女性の非常勤講師の家庭科教師の助言を受けながら，教師としての生活をスタートさせた。

その後，X教師は学校を異動してほかの私立高校に常勤で勤務するようになり，中堅の家庭科教師としてのキャリアを築いている。家庭科教師となって10年以上となった現在，「男性家庭科教師」という目新しさによる広告塔としての役割よりも，「家庭科教師」としての確かな力量を評価される時期に至っている。

2 時限つき認定講習で家庭科教師となったケース

1994年からの高等学校家庭科男女必修化に際し，時限つきの一時的措置として，いくつかの自治体では現職教員を対象とする認定

第12章 家庭科教師という存在

講習を実施し，修了者には家庭科教師としての資格を付与した。こうして，他教科から家庭科へと担当教科を変更した教師たちがいる。その中には，男性の教師たちも存在していた。

堀内（2001）は，以前は社会科，国語科，英語科の教師であった30代から50代の3名の男性家庭科教師たちにインタビューを行っている。彼らが家庭科の認定講習を受講して家庭科教師となった動機は，それぞれ異なっていた。一人は，「男性としての生き方」を模索する中で家庭科と出会い，ほかの一人は共働きの妻と共に子育てに奮闘し，地域での生活を大切にしてきた経験と家庭科教育がリンクしたことによる。もう一人は，50代後半にさしかかり，退職後の自分の生活を想定したときに，家庭生活のことに目が向いたという。

他教科の教師だったときの経験と照らし合わせて家庭科を見たときに，もと国語科教師だった40代の男性は，「家庭科は実学」であると指摘し，「地域にやっぱり根ざして生きていくっていうか，自分だけが一人で生きていくんじゃなくて，家庭とか，町内とかいろんな生活の中でっていうか，地域の中で根ざして生きているんだよっていうか，そういうことを高校生に教えたい」と語っている。

もと英語科教師だった50代の男性は，生徒たちに伝えたいことについて次のように語る。

> 男の生徒が女の子と同じようなことがちゃんとできた経験をしたってことを，自分がそうやってできてうれしいと思ってるから，男の生徒にはそういうふうにして一緒にした経験をさせたということが，やはりね，男尊女卑ではない人間をつくっていくことになるんじゃないかと思うんです。

この教師は，性別役割分業を疑問に感じることなく過ごしてきた

日々を振り返り，認定講習の中で自分自身が新たに学び，苦労して習得した調理等の生活技術を実際に自分の生活の中で活かしていくことの楽しさを感じている。生徒たちにも，自分が家庭科と出会って感じた楽しさや大切さを伝えたいと思っている様子がうかがわれる。

3　通信課程で単位取得し家庭科教師となったケース

小高（2006）は，通信課程で家庭科教員免許を取得した男性家庭科教師の第一人者である南野忠晴へのインタビューを行い，そのライフヒストリーから，彼の家庭科教師としてのアイデンティティ形成について考察している。

南野は「家庭や学校の中で夫，親として，また教師として，『生活を知らない』ことの問題に直面」したことを契機として，家庭科を学ぼうと思い立ち，高等学校の英語科教員を続けながら女子大の通信課程に入学する。そして2年間で43単位を修得して家庭科教員免許状の取得に至る。

その後，南野は家庭科教師を目指す男性教師たちからの問い合わせを受ける中で，1992年に「家庭科教員を目指す男の会」を立ち上げることになる。南野の家庭科に対する考えや若い世代へのメッセージは，若者向けのシリーズである「岩波ジュニア新書」の1冊として，まとめられ刊行されている（南野　2011）。

3　家庭科教師を目指す男子学生たちの家庭科観

長きにわたり「女性の領域」というイメージが払拭し難く残っている家庭科教師になることを目指して，大学の教員養成課程で学んでいる男子学生たちは，どのような思いを抱いているのだろうか。彼らが，家庭科に対してどのような考えを持っているのか耳を傾け

てみよう。

　表12-2に示したのは，教員養成課程で家庭科教員免許取得に向けて学んでいる男子大学生の家庭科に対する見解である。「家庭科はどのような教科か」という問いに対し，「生活の中の課題を解決し，生活の充実を図る能力と態度を育てる教科」「人が人らしく生きるために必要な教科」といった回答が寄せられている。しかし，彼らが高等学校まで学んできた家庭科の印象は薄い。「日常につながっていく感じがしない（学校の中だけな感じ）」「衣食住の内容（技術面）を中心」「昔のことは全然覚えていなくて，調理実習のことしか印象にない」という回答のように，とりあえず学校で実習をしてその場は楽しく過ぎるけれど何も生活に活かされない，という授業の記憶（あるいは「何も覚えていない」）であったようだ。

　小学校から高等学校まで，男女共に必修で学ぶようになった家庭科，それも，家庭科を専攻しようという意欲を持った男子学生たちの回想する家庭科が，本書第1章で問題提起した家庭科の状況と大きく変わらないという現実を，どう捉えたらよいのだろうか。家庭科の授業は，今の時代・社会の生活課題に即してもっと進化・深化しうるはずである。より大胆に，生活の課題に向き合う授業を提案していきたいものである。しかしそのためには，教師には豊かな創造性と，かつ地に足の着いた現実の生活に活きる授業を考案する「力量」が必要だ。本章のテーマである「家庭科教師の力量」とは何かという問いに，もう一度，立ち返ろう。

4　家庭科教師としての力量とは

1　教員採用試験で評価される資質・能力

　第11章で論じた評価になぞらえて考えると，教員養成の場合には，どのような学力（「教師力」ともいえる力）が教師としてのスタ

表12-2　家庭科専攻男子学生の家庭科観

	2011年現在の年齢	家庭科はどのような教科か	かつて受けた家庭科と現在の家庭科観とのギャップ	家庭科の魅力	家庭科の教師になったらできる・やりたいこと
A	23	学校教育の中で最も日常の実践に近接している教科。今後生活していく中で，誰と何を選択して生きていくかといったことの基盤を形成しうる教科。	日常につながっていく感じがしない（学校の中だけな感じ）。理論的・抽象的な学習が主で，(調理と裁縫はやったが）自分の生活に立ち返って思考する機会がなかった。	純粋に面白いし楽しい。生活の見え方が変わる。	保育分野に力を入れたい。日常を振り返らせ，思考する契機を与えたい。
B	22	生活の中の課題を解決し，生活の充実を図る能力と態度を育てる教科。	衣食住の内容(技術面）を中心に行っている感じがし，応用（課題を見出す）があまりなかった。	日常生活との関連付けが一番わかりやすい（行いやすい）教科である。	他教科(特に理科)とのクロスカリキュラムを積極的に行っていきたい。
C	21	人が人らしく生きるために必要な教科。「人らしく」＝健康を維持できる生活。	昔のことは全然覚えていなくて，調理実習のことしか印象にないが，調理実習で学んだことは，今でも活用できている。	初めはめんどくさい，やりたくないと思うことが多いが，実際やってみると，楽しくていつの間にか夢中になっている。	男子生徒の「家庭科＝女のもの」というイメージをなくす。そして，学校教育では重視されていない家庭科を，みんなが好きになるようにしたい。

第12章　家庭科教師という存在

D	21	家庭科は，生きていくうえで欠かせないことを学ぶ教科である。どの教科よりも，一番身近に感じられる教科であり，どの教科とも必ずどこかでつながる部分があり，学べることがたくさんある教科だと思う。	小中高で受けてきた家庭科は，主に実習というイメージが強いが，実習することがメインで，そこから学ぶことはあまりなかったし，他の教科とのつながりなども感じられなかったことにギャップを感じる。	どの教科ともつながりがあり，「生きる力」を学ぶことができることである。数学では家庭経営的な面，理科では栄養面，社会では地域のことなど，多くの部分で学ぶことがあり，それが自分の生活にも直接関係あることである。	男の教師だからこそ，家庭科は男にとっても大事ということを伝えることができると思う。
E	20	いろいろなこととつながりを持った，総合的な科目。	今まで受けてきた授業では，つながりを感じることはできなかったが，自分で家庭科を考えてみたとき，家庭科同士でもつながっているし，他の教科とも関わりがあると思った。	他の教科とは違い，学習したことが，生活に直結しているということ。それは，社会にも直結している。	男性の家庭科教師の存在による価値観などを伝えていきたい。
F	20	生きる力を養う教科。	生徒たちが関わる実習に授業の重きを置いていた。	自分の身近なものがテーマになっていることが多いので，自分から学ぼうという気持ちを持ちやすい教科。	実習だけでなく，座学にも力を入れて教えたい。特に家族に関して。

注）　2011年のインタビューによる。

ートラインに立つために必要なのかが明らかにされ，それが評価規準となる。学生たちの到達度を見取るためには，教師になったときに直面すると考えられるリアルな課題を設定し，学生たちがどのくらい現実の場面で学んだことを活用し，課題を解決する力を身につけているかが問われることになろう。そう考えると，教員採用試験では，実際に家庭科の教師として，どのような学習指導ができるのか，子どもたちと向き合ってどのような対応が可能なのかが，見きわめられるということになろう。

　小清水（2011）は，2008年度実施の中学および高等学校の全国教員採用試験第一次試験問題を分析し，家庭科に関してどのような問題が取り上げられたかを考察した。その結果，教科専門に関する設問が約9割を占め，その中でも食生活領域33.0％，衣生活領域22.5％が上位2位までを占めていた。家族・家庭生活領域は4.2％で最も低率を示した。教科指導法に関する設問では，保育領域が32.6％を占めており，特に保育体験学習の導入に関する内容が多く取り上げられていた。2008年といえば，小学校および中学校の学習指導要領が12月に改訂されているので，教員採用試験第一次試験が実施された7月の時点では，1998年改訂の学習指導要領準拠の出題であったと考えられる。保育体験学習についての設問は，1998年改訂学習指導要領において，保育体験学習の家庭科への導入が図られるようになったことに呼応している。

　いずれにせよ，大半が知識を問う問題であったことは第一次試験がペーパーテストである点を鑑みればやむを得ないとはいえ，取り上げられる領域の偏りは，家庭科教師としての指導力を見るうえでどの領域が重視されているのかを表している。このことはまた，家庭科教師として求められる力量をも示唆し，ひいては家庭科教師のイメージを構築していくことになろう。

2 家庭科教師に求められる授業構成力・教材開発力

　「食生活」と「衣生活」という二つの領域は，第1章で紹介した「料理」「裁縫」という子どもたちにとっての家庭科の主要なイメージと重なる。しかしこんにち，現代的な生活課題として少子高齢化を背景とした福祉の問題や，環境に配慮した消費生活，男女共同参画社会とワーク・ライフ・バランスといった生活経営に関わる問題が注目されている。こうした現代的テーマを家庭科の授業の中でどのように取り上げていくかということは重要である。加えて，授業構成力，教材開発力というような実際の授業を行っていくうえで必要となる力量も，教師となるにあたり必要な基本的な力として，教員養成段階で養っておきたいものである。

　衣生活，食生活をはじめとする各教科専門に依拠する内容は，実際の家庭生活においては相互に関連しあい，日々の生活が成り立っている。そう考えると家庭科は総合的な教科であり，授業も領域ごとに分断されて行われるのではなく，領域を超えて教科内でクロスカリキュラムを考えていく方が，授業としては奥深いものとなるだろう。この点についてはすでに，第8章で述べた。

　堀内（1999）は，「家庭科における総合的学習」として，ジェンダーをテーマにした領域横断型の授業を構想した。ジェンダーの視点で家庭生活を見渡すと，家族関係や生活経営の領域のみならず，衣生活，食生活の領域にも，関連する観点が存在している。ファッションはジェンダー表象として体現されるものであるし，高校生の着装にジェンダー意識が及ぼす影響も明らかにされている（土屋・堀内　2008）ように，社会文化的な切り口で，家庭科の授業を構想してみることもできる。

　広範にわたる家庭科の内容について，創造的な授業をつくることのできる力こそ，家庭科教師の力量にほかならない。それでは具体的には，「家庭科教師の力量」には，どのような要素が含まれるの

だろうか。

　柴（2008）は，家庭科教師に求められる能力として，「教科内容と学習者の発達に関して理解する」「社会や家庭のニーズに関して理解する」「日本の教育の方向性と家庭科のあり方を考える」「様々な方略を組み込んだ授業を計画する」「家庭科の授業を実践する」「反省的実践家として成長する」という6つに大別される合計28の能力項目を提案している。

　この能力項目のうち「様々な方略を組み込んだ授業を計画する」に関わって，家庭科教師の資質・能力の一つとして，「現代生活の課題から授業のテーマをつかみ，学習指導要領に照らし合わせて授業のねらいを明らかにする」ことを掲げたい。つまりこの資質・能力は，学習指導要領に則りながら，教師なりの世界観・生活観を授業に重ねて提案できる力を意味する。このような授業づくりを行うためには，まずは学習指導要領を読み込み，解釈し，そこで提起されている事柄を理解したうえで，目の前の児童・生徒の実態に即した形で，具体的な教材と授業の流れを想定していくことが求められよう。

　家庭科の内容は家庭生活の中で行われているさまざまな事柄に関連しているが，家庭生活の営みの中で獲得した経験知のみで対処すれば授業になるというわけではない。経験知に直結する内容であるからこそ，客観的な「科学」の視点を忘れてはならないのである。

　家庭科の学習は，それぞれの経験知を学校知に重ねるところから始まる学習である。生活についての学びの多くは，正解が一つだけあるわけではない。授業の中で，○×の二者択一ではない形で，自分がそのように考える理由を語り合うことに意義がある。そうすることによって，子どもたちが他者の考えに触発されて，新しい気づきを得て，自らの視野を広げられるようになるだろう。そのような家庭科の授業を実践できる教師が育っていってほしい。

● 引用文献 ●

小清水貴子 2011「教員採用試験にみる家庭科教師に求められる力」『静岡大学教育学部研究報告（教科教育学篇）』42。

小髙さほみ 2006「男性が家庭科教員になることに伴うアイデンティティの変容――ジェンダーバリアーの顕在化に着目して」『ジェンダー研究（お茶の水女子大学ジェンダー研究センター年報）』9。

柴静子 2008「家庭科教師にはどのような能力が必要だろうか」多々納道子・福田公子編『新版 教育実践力をつける家庭科教育法』大学教育出版。

土屋みさと・堀内かおる 2008「高校生のジェンダー観と着装行動意識との関連性」『日本家庭科教育学会誌』51(2)。

堀内かおる 1999「〈家庭科における総合的学習〉をつくる視点としてのジェンダー――家庭科の教科アイデンティティに関連して」『横浜国立大学教育人間科学部紀要Ⅰ（教育科学）』2。

堀内かおる 2001『教科と教師のジェンダー文化――家庭科を学ぶ・教える女と男の現在』ドメス出版。

堀内かおる 2008「男性家庭科教員のキャリア形成――男女共同参画の象徴を超えて」『国際ジェンダー学会誌』6。

南野忠晴 2011『正しいパンツのたたみ方――新しい家庭科勉強法』岩波ジュニア新書。

第13章 家庭科教育の未来
　　　——これからの暮らしを展望する

　これまでの章をとおして，家庭科がどのような目的を持ち，子どもたちのどのような力を育む教科なのか考えてきた。さらに，「家庭科を教える」という教育的営為の意味，家庭科を担当する教師として求められる指導力とはどのようなものなのかについて検討してきた。本書の最終章にあたる本章では，これからの家庭生活を展望し，家庭科教育に求められる将来像について提起することにしよう。

1　性別役割分業をめぐる意識の変化

1　内閣府による世論調査結果
　2012年12月15日に公表された最新の「男女共同参画社会に対する世論調査」（内閣府）によると，「夫は外で働き，妻は家庭を守るべきだ」という考えに対する賛否を問うた結果，「賛成」（「賛成」「どちらかといえば賛成」と回答した割合）が前回の2009年調査よりも10.3％増加し，1992年以来初めて，「賛成」が増加傾向に転じた（朝日新聞2012年12月16日朝刊）。特に，20代で「賛成」の伸びが

大きく，2009 年に 30.7％ だったところが，19.3 ポイント増加し 50.0％ に達したという。20 代男女の「賛成」の内訳は，男性 55.7％（前回より 21.4 ポイント増），女性 43.7％（同 15.9 増）である（YOMIURI ONLINE 2012 年 12 月 15 日）。

　第 7 章で述べたように，男女共同参画社会，ワーク・ライフ・バランスの実現に向けて，固定化した性別役割分業の解消を目指し，社会は少しずつ変化してきた。家庭科という教科は，第 2 章で明らかになったように，性別役割分業を強化する政策の一環として学校教育の中に位置づけられてきた過去を持つ。「女子の特性」を前提として，将来の「よき主婦」となるための「女子のみ必修」の教科として位置づけられていた時代から一転し，1989 年の学習指導要領改訂によって男女共同参画に寄与する教科となり，すべての男女が学ぶようになったのは，1994 年のことである。それからすでに 20 年が経とうとしているこんにち，若い世代の性別役割分業への回帰指向をどのように考えたらよいのだろうか。

　性別役割分業を支持すると回答した 20 代の若者層は，あたりまえのように小学校から中学校まで，家庭科を履修してきた世代である。第 1 章で述べたように，「調理，裁縫」という旧態依然とした家庭科イメージは払拭されてはいないけれども，それでも「生活に必要な「役に立つ」教科」という認識は，子どもたちの中にあったはずである。性別にかかわらず，生活の自立が誰にでも必要だということに対するコンセンサスは大方，得られているし，ある意味，これは一つの「良識」として，否定し難い正義をまとっている言説だと言える。

　若い世代における性別役割分業を支持する意識の台頭から考えられるのは，「男女は平等」で，「固定的な性別役割分業」はいけない，という良識を示しながら，結果的には一昔前の「家事・育児は女性の役割」という考えに帰着する若者たちの姿である。つまり，男女

の生物学的な違いを前提として，互いの「違い（=「特性」）」を認め尊重したうえで，その「違い」に応じた役割があり，それが性別役割分業だと見なす考え方である。この文脈からすると，彼ら・彼女らが考える「男女共同参画」とは，それぞれの「性別の特性」に応じて（性別役割分業を前提として）協力して生活を営むというものであり，そのうえでの「ワーク・ライフ・バランス」が志向されている，という解釈が可能となる。

2　教員養成系大学生の意識

上述の仮説は，筆者が実施した大学生対象の意識調査結果からも示唆される。筆者は2012年7月に，首都圏の教員または保育士養成を実施している3大学の大学生233名を対象に，男女共同参画意識に関する調査を実施した。

「男性は外で働き，女性は家庭にいることが望ましい」という問いに対しては，「とても・少しそう思う」と回答したのは，女子大女子20.8％，教員養成系学部女子（以下，教育女子）16.2％，同男子（以下，教育男子）21.7％であり，約8割以上が固定的な性別役割分業に反対の傾向を示した（図13-1）。

「男女が協力して家事や育児を行う必要がある」という問いには，ほぼ100％の学生が「とても・少しそう思う」と回答し，「女性が家事をできる環境・状況であるならば男性は家事をする必要はない」と考える意識は，男女ともに低率を示した（図13-2）。

以上のように学生たちの男女共同参画意識は高かったのだが，その一方で「男性・女性に向いている仕事がそれぞれある」という問いに，「とても・少しそう思う」と回答した割合も8割を上回った（図13-3）。ここでいう「仕事」には，家事のみならず性別によって異なる職種を想定して回答した可能性もあるだろう。学生たちは固定的な性別役割分業には反対しているものの，男女によって異な

第13章　家庭科教育の未来

女子大女子
(n=96)　3.1 / 17.7 / 62.5 / 16.7

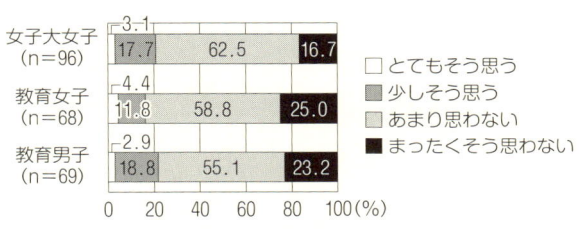

教育女子
(n=68)　4.4 / 11.8 / 58.8 / 25.0

教育男子
(n=69)　2.9 / 18.8 / 55.1 / 23.2

□ とてもそう思う
■ 少しそう思う
□ あまり思わない
■ まったくそう思わない

注)　「教育女子」「教育男子」はいずれも教員養成系学部の男女学生。

図13-1　「男性は外で働き，女性は家庭にいることが望ましい」と思うか

女子大女子　6.3 / 65.6 / 26.0

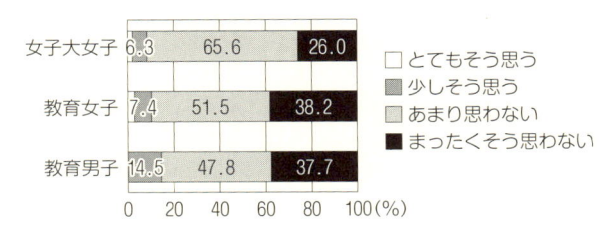

教育女子　7.4 / 51.5 / 38.2

教育男子　14.5 / 47.8 / 37.7

□ とてもそう思う
■ 少しそう思う
□ あまり思わない
■ まったくそう思わない

図13-2　「女性が家事をできる環境・状況であるならば男性は家事をする必要はない」と思うか

女子大女子　17.9 / 65.3 / 15.8

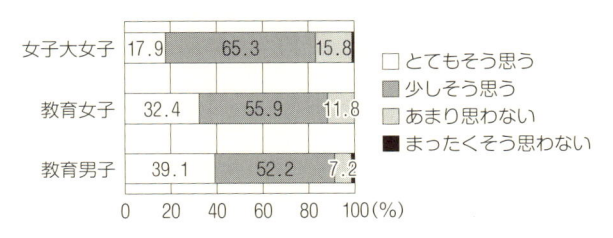

教育女子　32.4 / 55.9 / 11.8

教育男子　39.1 / 52.2 / 7.2

□ とてもそう思う
■ 少しそう思う
□ あまり思わない
■ まったくそう思わない

図13-3　「男性・女性に向いている仕事がそれぞれある」と思うか

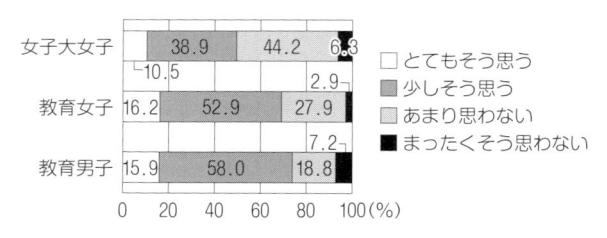

	とてもそう思う	少しそう思う	あまり思わない	まったくそう思わない
女子大女子	10.5	38.9	44.2	6.3
教育女子	16.2	52.9	27.9	2.9
教育男子	15.9	58.0	18.8	7.2

図13-4 「男性・女性にそれぞれの社会的な役割があり,それを果たせるように援助をしていくべきである」と思うか

る特性があると考えていることがわかった。「男性・女性にそれぞれの社会的な役割があり，それを果たせるように援助をしていくべきである」という問いに対しても，教員養成系の男女学生が「とても・少しそう思う」と回答した割合は約7割に達していた（図13-4）。

　これらの結果から推察すると，男女共同参画を志向する意識と男女の特性論が，若い世代の意識には違和感なく両立して存在しているのではないだろうか。その背景には，「自分らしく」「無理をしないでやれること・やりたいことをやる」というメンタリティが見え隠れしているように思われてならない。何か大きな目標を掲げて社会変革をめざし努力を重ねていくというよりも，等身大の今の自分を肯定し，相応の生き方を選択していくという考え方がそこにあるのではなかろうか。その根底には，「身近な人々との関係や，小さな幸せを大切にする価値観」（古市　2011）があるように思える。

　若い世代にこのような志向性があるとしたら，男女共同参画社会の実現途上の現代社会において，理念上は否定されるべきだが，いまの社会の現実である性別役割分業に則った生き方を肯定するという思考回路にも頷ける。しかしそれはまた，時代の逆行を促進することも否定できない。

　知識基盤社会と言われるこんにち，さまざまな情報が私たちの周

りにあふれている。どのような生き方をするのか、何を求めて生きていくのかといった個人の価値観に関わる選択の自由が尊重される一方で、選択したことによる責任は本人に帰属し、選択によって生じうるあらゆる影響を引き受けていく決断が求められる。そこまで熟慮し覚悟を持って選択できるなら、何も問題は生じないであろう。しかし、誰もが強い意志とゆるぎない判断で物事を選択・決定できるわけではない。

多様な暮らしのあり方・家族関係がある中で、自分が望む形を追求していくために、多様性の中に潜むメリット・デメリットについて把握しておく必要がある。困難を乗り越えて自分なりの意思決定を下すために支えとなるのは、さまざまな形での学びから得たものにほかならないだろう。その学びの大きな部分を占めている学校教育に携わる大人として、いま、私たちは子どもたちに何を伝えることができるだろうか。

2 顕在化した貧困問題と社会への不安

こんにちの社会における格差の問題が顕在化するようになり、若者や子どもの貧困が改めて注目されるようになった（阿部 2008, 宮本 2012）。2011年3月11日に発生した東日本大震災は、私たちの暮らしに衝撃を与え、「あたりまえの日常」がたやすく覆される自然の脅威をまざまざと見せつけた。人々の意識にも変化が生じ、震災後に強く意識するようになったこととして、家族や親戚、地域、友人や知人とのつながりを大切にしたいという意識が上位にあがっている（図13-5）。同時に、「自分のことは自分で守らなければならない」という意識もうかがえる。危機管理の必要性への自覚とともに、地域の中での助け合いや連帯の形への新たな模索が始まっていると言えよう。

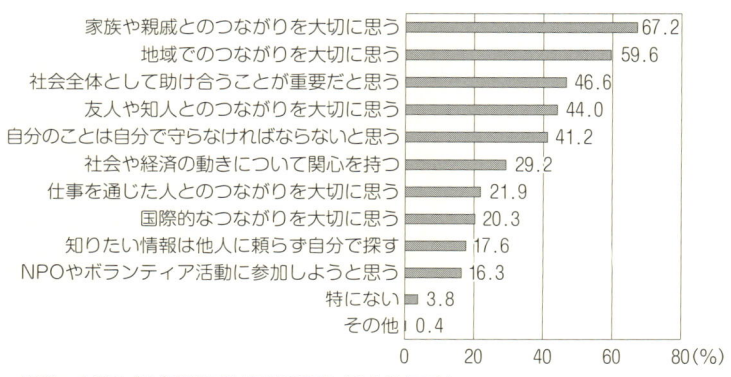

家族や親戚とのつながりを大切に思う	67.2
地域でのつながりを大切に思う	59.6
社会全体として助け合うことが重要だと思う	46.6
友人や知人とのつながりを大切に思う	44.0
自分のことは自分で守らなければならないと思う	41.2
社会や経済の動きについて関心を持つ	29.2
仕事を通じた人とのつながりを大切に思う	21.9
国際的なつながりを大切に思う	20.3
知りたい情報は他人に頼らず自分で探す	17.6
NPOやボランティア活動に参加しようと思う	16.3
特にない	3.8
その他	0.4

出所) 内閣府「社会意識に関する世論調査(平成23年度)」

図13-5 震災後,強く意識するようになったこと(複数回答)

3 〈地域へのまなざし〉から見る新たな家庭科教育の課題

　広井(2009)のコミュニティ政策に関する調査によると,「コミュニティの中心」として特に重要な場所はどこかという問いに対し,第1位にあがったのは「学校」であったという。堀内(2011)が中学生に「地域」とはどういう場なのか尋ねたところ,最も多くあげられていたのは,「ふれあい・つながり・関わり」についての内容であり,具体的には,「近所の人たちと交流を深める場所」「ふれあいの場」「あいさつし合う場所」というものであった。このように「地域」は生徒にとって「身近」なところであり,協力や助け合いが行われている(行われるべき)ところであると考えられており,個人のエゴや主張は排除され,集団で「団結」して,その「地域」を拠点とする「みんな」の利益のために「助け合う」という共同体がイメージされていた。

　こんにち,地域に開かれた学校が標榜され,教育機関は地域との

連携のもと，その教育的機能を充実させていくことが求められていると言えるだろう。その意味から学校教育を見直してみると，家庭科教育への新たな示唆が得られるように思う。

　家庭科教育と地域との関わりに関していえば，熊本県の食文化に焦点をあてた桑畑による一連の研究と実践（桑畑　2008），秋田県で家庭科教師たちのエンパワーメントを図った望月らの研究と実践（望月ほか　2011）をはじめ，これまでも地域に足場を置いた数多くの授業実践研究が繰り広げられてきた。それらの実践は，その地域ならではのテーマを取り上げつつ，現代の生活課題へとつながる普遍性を持つものであった。つまり，あるテーマがその地域を典型例とする課題に基づいている場合に，その地域での取り組みを検討することは，ある現代的課題に対し，我々がどのように向き合い対処すべきかを考える手がかりとなる。ある地域に見られる具体的事象に内包される普遍性に気づいたとき，その事象は家庭科の優れた教材になり得る。

　また，2008・2009年改訂の学習指導要領において，地域の伝統文化への視点が盛り込まれたことについては，第5章で述べたとおりである。「伝統文化」と言うと，語り伝えられるべき古くからの習慣というように捉えがちであるが，伝統文化への着目は，ひいては「地域」の再発見につながるものである。

　高齢化の進展とともに，地域での暮らしのあり方が問い直されている。1995年の阪神淡路大震災を機に導入されたコレクティブハウジングの住まいとその思想（小谷部ほか　2012）は，「家族」ではない人々が「ともに暮らす」ということの意味を私たちに投げかけている。他方，ずっと同じまち・同じ住まいに住み続け，年齢に応じてそのあり方を変えつつ暮らしを営んでいく生き方を「住みつなぐ住み方」と称し，そのような生き方をしている人々が紹介されている（住総研高齢期居住委員会編　2012）。こうした新しい暮らし方へ

の模索と実践は，すでに始まっている。

　家庭科は，自分自身の生活のあり方を相対化する学びをもたらす教科である。家庭科の授業では，私たち一人ひとりが経験的に内面化している生活の価値観を揺さぶり，それが絶対的な正しいあり方ではないという気づきに至る契機を与えたい。なぜなら，「我が家のあたりまえがクラスのほかの友だちにとってのあたりまえではない」という気づきによってはじめて，自分自身が生活をつくっていく主体であり，答えは一つではないということに思い至るからである。地域での暮らしへの着目は，前近代的な地域共同体への回帰を志向するものではなく，新たな形の共同性を暮らしの中にどのように位置づけていくかという問いに向かうことでもあろう。

　大震災後の日本社会はまだ不透明で，生活者の不安は消えそうにない。しかしそのような状況の中で，何か可能性を見出すとしたら，教育は一筋の光をもたらすのではなかろうか。

　家庭科教育は，未来の生活者を育てる教育である。子どもたちが自らの生活を振り返り，何を見て，どのような経験をして，どのようなことに考えをめぐらすのか。その一つひとつが，明日の暮らしをつくる大人を育てていくことになる。

　「生活創造」を促す家庭科の授業をとおして，子どもたちが自らの暮らしを再発見する手がかりとなるような機会をつくっていきたいものである。

● 引用文献 ●

阿部彩　2008『子どもの貧困――日本の不公平を考える』岩波新書。
桑畑美沙子　2008『「地域の食文化」に視点をあてた食育の研究』風間書房。
小谷部育子／住総研コレクティブハウジング研究委員会編　2012『第3の住まい――コレクティブハウジングのすべて』エクスナレッジ。
住総研高齢期居住委員会編　2012『住みつなぎのススメ――高齢社会をとも

に住む・地域に住む』萌文社。
広井良典　2009『コミュニティを問いなおす——つながり・都市・日本社会の未来』ちくま新書。
古市憲寿　2011『絶望の国の幸福な若者たち』講談社。
堀内かおる　2011「中学生は「地域」をどうとらえているか」大竹美登利・日景弥生編『子どもと地域をつなぐ学び——家庭科の可能性』東京学芸大学出版会。
宮本みち子　2012『若者が無縁化する——仕事・福祉・コミュニティでつなぐ』ちくま新書。
望月一枝・佐々木信子・長沼誠子編著　2011『秋田発未来型学力を育む家庭科』開隆堂。

エピローグ

「5年に1度,私なりの家庭科教育論を発信する」と心に誓ったのが,2001年に初めて単著『教科と教師のジェンダー文化——家庭科を学ぶ・教える女と男の現在』(ドメス出版)を出版したときのことである。同書は横浜国立大学に着任して5年目となった私のそれまでのあゆみをまとめたものであり,家庭科教育とジェンダー論との架橋という課題に対する一つの答えでもあった。

5年という年月は,長いようで短くもある。忙しい日常に流されるのではなく,わずかでもいいから歩んできた道程や成果を形にすることが,次の一歩を踏み出す足場となっていく。そう考えて,「5年に1冊」という課題を自らに課してきた。

この自分との「約束」による2冊目は,2006年に刊行された『家庭科再発見——気づきから学びがはじまる』(開隆堂)である。同書では,当時,各学校段階でこの人以外にはいないと思っていた実践家である教師たちにも小・中・高校の実践を各1章ずつ書いていただき,「実践から家庭科教育を語る」というスタンスで家庭科の授業とカリキュラムを概観した。授業によって子どもが変わる,生活が変わるという確信を持ち,教材開発の重要性や授業づくりの醍醐味にひかれて,以後は家庭科の授業研究を研究活動のメインに据えて,家庭科という教科の教育を見つめてきた。

このたび本書の出版に至るまでに前書から7年の歳月が経過してしまったのは,多忙を理由に家庭科教育に対する思索を滞らせてし

まった私自身の怠慢のせいである。しかしこうしてなんとか，5年プラスαのスパンで本書を書き下ろすことができ，安堵している。

改めて，この間の日々を振り返ると，多くの「現場」の方々との関係をつないできた日々だったと感慨深く思う。本書にお名前をあげた先生方はもとより，インタビューに応じてくださった先生方や学生たち，彼ら・彼女らとの「対話」こそが，私が家庭科について洞察する手がかりとなった。この「現場」から学ぶ・共につくるという姿勢を，今後も忘れずにいたいと思っている。

授業研究は，授業を実施してくださる先生がいて初めて成り立つものである。教材開発の意図を理解し，共感を持って授業に取り組んでくださった先生方にも，感謝の気持ちを伝えたい。

かつての家庭科専攻男子学生であり，その後「家庭科教師」としてのキャリアを積んできた男性と昨年会う機会があった。そのとき，彼は私にこう言った。「大学時代，先生から「あなたにとっての家庭科って何？」と聞かれて，うまく答えられなかったことが心に残っていた。家庭科教師になってからもずっとそのことを考え続けて，最近ようやく，「自分にとっての家庭科」とはこういうものだと言えるようになりました」と。

「「自分にとっての家庭科」を自分の言葉で語れるようになること」こそ，私が大学で行っている家庭科教育法の到達目標である。くだんの男性が教育現場での経験を重ねる中で，自分なりの家庭科観を築くことができたなら，何よりうれしいことである。

大学の授業は，家庭科教育について考える一つのきっかけを与えるだけにすぎないのかもしれない。しかし，学びは「気づきからはじまる」のである。日常生活のあたりまえのように思える事柄の裏側にある意味や根拠について「考える」ことによって，私たちの日々の暮らしの「見え方」が異なってくるということに気づかされ

るだろう。

　私にできることは、家庭科という一つの教科から見えてくる、歴史や文化そして未来の暮らしについて、「私自身の言葉」で語ること、だと思っている。学生たちには、家庭科をとおして「自分は」子どもたちにどのような力をつけさせたいと考えているのか、それはなぜなのかということを、自覚的に語れる教師になってほしいと願いつつ、これからも大学の授業をとおして、将来の教師の卵たちに語りかけていきたい。

　本書の出版にあたり、世界思想社と編集部の川瀬あやなさんには大変お世話になった。男女共修家庭科を学んだ若手編集者である川瀬さんの原稿に対するご意見・ご感想は、私にとって大変励みになった。記して感謝の意を表したい。

　新しい年の始まりによせて

2013 年 1 月

堀内かおる

著者紹介

堀内　かおる（ほりうち　かおる）
東京学芸大学大学院教育学研究科修士課程，昭和女子大学大学院生活機構研究科博士後期課程修了。博士（学術）。
横浜国立大学教授。
専門は家庭科教育学，ジェンダーと教育。
主な著書に，『教科と教師のジェンダー文化——家庭科を学ぶ・教える女と男の現在』（ドメス出版，2001年），「家庭科は誰が学ぶもの？——〈ジェンダー再生産の象徴〉を超えて」（天野正子・木村涼子編『ジェンダーで学ぶ教育』世界思想社，2003年），『家庭科再発見——気づきから学びがはじまる』（編著，開隆堂，2006年），「ジェンダー視点から見る家庭科教育の課題——男女共同参画社会に向けて」（『日本家庭科教育学会誌』54(4), 2012年）など。

家庭科教育を学ぶ人のために

2013年6月10日　第1刷発行	定価はカバーに
2017年4月1日　第2刷発行	表示しています

著　者　　堀　内　かおる
発行者　　上　原　寿　明

世界思想社

京都市左京区岩倉南桑原町56　〒606-0031
電話　075(721)6500
振替　01000-6-2908
http://sekaishisosha.jp/

© 2013 K. HORIUCHI　Printed in Japan　　（共同印刷工業・藤沢製本）
落丁・乱丁本はお取替えいたします

[JCOPY]　＜（社）出版者著作権管理機構　委託出版物＞
本書の無断複写は著作権法上での例外を除き禁じられています。複写される場合は，そのつど事前に，（社）出版者著作権管理機構（電話 03-3513-6969, FAX 03-3513-6979, e-mail: info@jcopy.or.jp）の許諾を得てください。

ISBN978-4-7907-1597-9